JN438698

은은한 것들의 습작

은은한 것들의 습작

황선유 두 번째 수필집

수필과비평사

■ 작가의 말

이 겨울을 보내면 좀 머뭇대기는 해도 또 봄이 오겠지요.
벚꽃이 피고 또 벚꽃비가 내릴 것입니다.
차마 내다 버리지 못한 향수로
벚꽃잎처럼 흩어져 사물거리던 기억들을 쓸어 담아서
마저 묶었습니다.
수고로웠던 삶에 낙낙한 위로가 되는군요.
내 글이 그대에게 파적거리가 되어도 좋습니다.
어느 햇살 좋은 날.

무술년 2월 봄을 기다리며

황선유

■ 차례

1부

물미 해안에서 보낸 편지

2부

미씽

3부

콩나물 씻어 봤어요?

4부

귀환

1부

물미 해안에서 보낸 편지

문득 안부가 끊긴 친구가 궁금하다. 지금은 프랑스의 어느 고성古城녘에서 여전히 저녁노을처럼 물들어 가고 있는지. 다시 언젠가 봄나물 같은 목소리로 내 이름을 불러 줄 것인지.

물미 해안에서 보낸 편지

햇살 눈부신 오월 한 날에 '남해 물건리에서 미조항으로 가는/ 삼십 리 물미 해안'길을 달린다. '남도에서 가장 빨리 가을이 닿는' 길이라 하나 오월 한 날에도 '허리에 낭창낭창/ 감기는 바람을 밀어내며/ 길은 잘 익은 햇살 따라 부드럽게 휘어지고/ 섬들은 수평선 끝을 잡아/ 그대 처음 만난 날처럼 팽팽하게 당기'고 있다.

자신을 오십 대라 밝힌 문화해설사가 투박한 남해 억

양과 쉰 음성으로 시 〈물미 해안에서 보낸 편지〉를 낭송하는 동안 나는 '해안선이 돌아앉아 머리 풀고/ 흰 목덜미 말리는' 모습을 그리고 그 시인을 그린다.

맨 처음 그는 남해의 어느 작은 중학교 학생이었다. 해거름이면 '낮은 파도에서 멀미하는 노을'을 보며 마침내 시인이 되는 꿈을 꾸던 소년이었다. 먼 바다에서 갯바람이 불어오는 날에는 '저토록 몸이 달아 뒤채는 파도'를 보며 누군가를 그리워하곤 했을 것이다. 그러그러하던 어느 해에 '단감 빛으로 물드는 노을' 같은 선생님이 남해로 왔다. 그는 온몸을 방풍림처럼 붉히다가 그만 '그렇게 돌아앉아 있지만 말고/ 속 타는 저 바다 단풍 드는 거 좀 보아요.'라고 말해버렸다. 나는 '단감 빛으로 물드는 노을' 같은 선생님, 내 친구를 그린다.

아무리 시간을 얹어 포개고 쌓아 눌러도 절대로 훼손되지 않는 기억이 있다.

그해 여름은 몹시도 날이 더웠다. 대학 입시가 몇 달 후였고 엄마! 엄마가 나를 몰라봤다. 도무지 어찌할 바를 몰랐던 나는 그만 온 등짝과 옆구리에 대상포진을 앓아 버렸다. 환부의 시작은 당혹스러웠다. 몇 군데의 병원을 거쳐서 물어물어 찾아 간 장터의 허름한 약방에서 생경한 그 병명을 들었다. 약방 주인은 환부를 보자 대번에 "허! 쫙 퍼져뻤네." 한마디를 했고 약방을 나올 때까지 짜안한 눈길을 거두지 않았다. 낯선 엄마와 등짝의 수포는 노도怒濤와도 같이 거대한 통증이었다. 그 통증에 머리채라도 휘어잡힌 듯 아무 일도 어떤 생각도 할 수가 없었다. 학교를 결석한 채 하숙집에만 있었다. 그렇게 여름이 가고 가을이 왔다. 친구가 하숙집으로 나를 찾아왔다. 봄나물 같은 목소리로 내 이름을 부르며 왔다. 두부전이 있었던가, 손에는 집에서 만든 음식 가지가 들려 있었다. 소풍 가는 날에는 소풍 대신 종일 나와 함께 있어 주었다.

대학 예비고사 날이었다. 시험을 쳤던 인근 도시에서 기차를 타고 역에 내렸을 때는 초겨울 저녁거리에 어둠이 깔려 있었다. 막내딸은 서울로 유학을 보낸다 했는데, 학업의 공백으로 인한 대학 입시의 두려움이 짙은 어둠에 한몫을 거들었다. 친구의 언니가 마중을 나왔다. 언니는 나와 친구를 양옆에 한쪽 팔로 안듯이 하고는 식당에 들어갔다. 주문한 음식을 기다리는 동안 맞은편의 친구는 그녀 옆자리의 언니에게 재잘재잘했다. 친구를 바라보는 언니의 눈빛도 다정했다. 그때였다. 나는 자리에서 벌떡 일어나 그대로 휑하니 집으로 와 버렸다. 지금도 나는 그때의 나를 모른다. 도무지 모른다. 그때부터였을 것이다. 언니가, 훗날 시누이가 된 나를 영 마뜩잖아하게 된 시작이. 그래도 대학생이 된 나에게 '힘들면 언제든지 찾아와.'라고 쓴 편지에 돈을 넣어 보내며 손목시계를 사라고 했다.

막내 오빠는 오랫동안 시인과 친구를 염려했지만, 시인은 시를 쓰고 시인의 아내가 된 친구는 평창동에 집을 지었다고도, 멋진 드레스를 입고는 예술의 전당에 다녀왔다고도 했다. 그 무렵의 나는 사는 일이 쓸쓸했다. 한날에 아이를 업고 막내 오빠를 보러갔다. 시골집 아래채의 군불 땐 방바닥에 엎드려 텃밭의 병아리들이 흙 파는 것을 보면서 시 쓰는 법을 가르쳐주던 막내 오빠는 그날, 무협지를 읽다 말고 전시회 준비한다는 언니를 마중 나갔다. 집으로 돌아오는 고속버스에서 나는 창밖으로 고개를 돌리고 울었다.

열린 창으로 한 줄기 짭조름한 바닷바람이 선선하다.

잠시 시인과 친구 그리기를 멈춘다. 여태까지도 문화해설사는 시를 낭송하고 있다. 스스로 남해 사랑이 남다르다고 말하는 그녀는 당연히 시인에 대하여도 곡진하다. 암송하는 시가 상당수이다. 문득 안부가 끊긴 친구가 궁금하다. 지금은 프랑스의 어느 고성古城녘에서 여전히 저녁노을처럼 물들어 가고 있는지. 다시 언젠가 봄나물 같은 목소리로 내 이름을 불러 줄 것인지.

버스가 물미 해안을 벗어나고 있다.

은은한 것들의 습작

오래되어 사물거리는 것들에 자주 마음이 물든다. 물든 것들은 번져서 수채화가 된다. 꽃인지 나무인지 풀인지 향기인지. 아니면 동그라미만 남은 얼굴인지. 마냥 은은하기만 한 것들. 어느새 하무뭇해지는 통증. 그것들을 습작한다. 유년의 먹먹한 소란을 재운다.

—탱자나무

옛집 거기 탱자나무 울타리가 있다. 버젓한 대문을 두고는 울타리 개구멍으로 앉은걸음을 하였다. 속을 토해내고 바닥에 드러누운 다크 옐로우의 탱자들. 코를 찌르는 신 냄새. 서슬 퍼런 탱자나무 가시. 그 가시로 고둥살도 빼 먹고, 어쩌다 생채기가 곪아 고름집이 잡히면 그 가시로 고름도 땄다. 희고 작은 탱자나무 꽃이 길쭉한 가시 사이로 보일락 말락 했다. 떠나보낸 세월 틈에서 지금도 그렇다.

ㅡ국화

늦가을 어느 저물녘, 멀리 푸르스름한 이내를 배경으로 하루 일을 끝낸 엄마가 흰 머릿수건을 벗어 탁탁 터는 실루엣. 엄마의 이름은 '국화'였다. 생전 별로 불린 적도 없이 면사무소 호적부에만 갇혀 있던 쓸쓸한 이름. 국화꽃 향기가 짙어지면 가을이 깊다. 엄마의 실루엣에 무서리가 내린다.

―각시풀

소꼴을 베던 아재가 낫으로 각시풀 한 다발을 베어 주었다. 다듬은 솔가지 끝에다 각시풀 다발을 묶으면 푸르고 긴 생머리의 각시가 되었다. 양 갈래로 곱게 머리를 땋았다. 헝겊으로 꽃 댕기도 달았다. 긴 속눈썹의 불란서 인형은 저리 가라였다.

―골담초

전학 온 수임이는 일 년을 못 채우고 도로 전학을 갔다. 대학을 졸업하고 뜻밖의 재회를 했다. 그녀는 우리 집에 놀러 온 날 먹었다는 골담초 개떡을 선명하게 기억하고 있었다. 그 골담초 나무의 행방을 물었더니 장조카가 답하기를 두왕골 재왕이 아부지가 중풍을 고친다고

캐갔다 한다. 두왕골 재왕이 아부지 중풍이 나았느냐고 하였더니 중풍은 못 고치고 죽었다고 한다. 애먼 골담초 나무만 베어지고 없다. 수채화 한 귀퉁이가 뜯겨나가고 없다.

—복숭아벌레

해마다 그맘때면 끝물 복숭아 한 다라이가 장독간에 있었다. 복숭아 향기에 어질어질했다. 장독간을 드나들며 실컷 먹었다. 하필이면 맛나게 베어 문 자리에서 스멀스멀 복숭아벌레가 기어나왔다. 기겁하여 한 입 벤 복숭아를 마당에 내던졌다. 복숭아벌레를 먹으면 예뻐진단다. 그래서 복숭아는 밤에 먹는 거란다. 예뻐진다고? 그 절박한 유혹에도 행여 밤에는 복숭아를 먹지 못했다. 그러니 지금 요만큼이다.

—치자

바싹 마른 치자 열매를 우려낸다. 등황색 치자 물이 어느새 양재기 가득이다. 치자 물을 섞어 갠 반죽. 마당에 솥뚜껑을 걸고 장작불을 지핀다. 무명실 한 타래를 일정한 길이로 잘라 묶은 기름솔로 뱅글뱅글 솥뚜껑에다 기름을 편다. 차르르 기름 우는 소리. 기름기 나웃한 호박전, 고구마전, 가지전, 정구지전, 납새미전, 서대전 들이 넓적한 대소쿠리에 노랗게 쌓인다.

피트니스 센터로 가는 모퉁이에 치자꽃이 무더기로 피어있다. 치자꽃 냄새는 매번 내 걸음을 멈춘다.

—강냉이죽

이미 한뎃솥에서 끓는 강냉이죽 냄새가 혼을 빼고 있었다. 이윽고 종을 치면 일부 학생들은 강냉이죽을 받으러 교실 밖으로 나가고 일부는 창가에 몰렸다. 손에는 양재기에 담긴 저 샛노란 강냉이죽과 바꿔 먹을 도시락이 들려 있다. 대가리가 그대로 달린 왕멸치볶음 도시락 반찬. 그해인지 이듬해인지 강냉이죽이 옥수수빵으로 변신한다. 그 강냉이죽이 그립고 냄새도 그립다.

—꽃소쿠리

초등학교 4학년이었다. 학급 문집의 편집과 제본을 맡았다. 반 친구들의 글을 모아 등사지에다 철필로 옮겨 써서 등사기에 끼우고 그 밑에 종이를 깔고는 등사잉크를 묻힌 롤러로 눌러 밀었다. 담임 선생님이 문집 이름을 '꽃소쿠리'로 하자 했다. 세상에 소쿠리라니! 남새거리나 부침개를 담는 소쿠리. 삶은 고구마를 안고 설겅에 얹혀 있는 소쿠리. 때가 전 땀수건을 끼고 거름 밭에서 나뒹구는 소쿠리. 나는 '꽃바구니'로 하자 했다. 선생님은 바구니는 너무 커서 안 예쁘다 했다. 나는 "선생님, 소쿠리가 더 큰데요." 했다. 결국은 내 손으로 처음 만든 '꽃소쿠리'를 반 친구들에게 나눠주었다.

—고전 읽기

≪구운몽≫, ≪한중록≫, ≪택리지≫, ≪숙영낭자전≫, ≪박씨부인전≫……. 초등학교 때 읽었던 책이다. 그냥 읽는 것이 아니라 읽고 나서 시험을 쳤다. 군 대회도 나가고 도 대회도 나갔다. '賞'이라고 크게 도장을 찍은 공책을 상으로 받았다. 고전 읽기였다.

—디후데리아

세상에서 제일 무서운 병은 '디후데리아'란다. 목 안에 밧줄이 생겨서 목이 졸려 죽는 무시무시한 병이지. 선생님은 콱 목 조르는 손짓까지 했다. 그즈음 떠돌던 괴담. 화장실에 가면 빨강색 줄을 줄까 파랑색 줄을 줄까? 소리가 나는데 '빨강색' 하고 대답하면 빨간색 줄이 내려오고, '파랑색' 하면 파란색 줄이 내려와 목을 감아 죽인다는. 대학에 가서야 '디프테리아'라는 제 이름과 정체를 알았다.

화장실이다. 방금 들린 듯 그 소리, 빨강색 줄을 줄까 파랑색 줄을 줄까. 얼김에 흘낏 천장을 쳐다본다.

—회충조사

선교사인 전주예수병원장이 장폐색으로 죽은 아홉 살 소녀의 배에서 꺼낸 회충 1063마리의 사진을 당시 박정희 의장에게 보낸 것이 기생충 퇴치의 계기이다. 산토닌을 먹은 다음 날은 회충조사를 했다. 선생님이 이름을 부르면 똥에 섞여 나온 거시*가 몇 마리였는지 말한다. 한 아이가 37마리라고 우렁차게 답했다. 나는 그날 학교가 파할 때까지 내내 그 아이의 얼굴을 힐끔거렸다. 그다음 날도 그랬다. 이름이 잊히지 않는다.

—**곰배팔**

아랫동네의 드난꾼인 그는 허름한 군복 윗주머니에 한 손을 넣고, 핀으로 주머니와 소매를 찔러 고정하고는 남은 한 손으로만 일했다. 철없는 우리는 멀리서도 "저기 곰배팔이 온다." 쩌렁쩌렁 소리를 질렀다. 하늘에 별이 돋는 밤이면 그는 멍한 표정으로 하늘을 올려다본 뒤 담배를 비벼 끄고는 방으로 들어갔을 것이다. 술도 한잔했을 것이다.

—**지우산**

일찍이 개명하신 큰아버지는 당시는 드물게 예수교를 믿었고 자주 대처를 나다니셨다. 여러 달을 유랑하신 후에는 아우 집, 즉 우리 집을 방문하셨는데 손에는 이런저런 선물이 들려 있었다. 과자나 합죽선 등, 그중에 지우산이 으뜸이었다. 들기름을 잔뜩 먹여 두꺼워진 한지에 그림이 그려져 있고 특히 대나무 우산살이 실했다. 비닐우산에 비할 바가 아니었다. 식구들 몰래 지우산을 쓰고 학교에 갔다. 수업시간에도 복도의 지우산에만 마음이 쓰였다. 그때 복도에는 삿갓도 있고 도롱이**도 있었다.

—언니

두세 살 터울이 대개이던 시절, 그녀는 불쑥 나타난 나에게 다섯 해 동안 누리던 막내로서의 특권을 이양했다. 막내만이 가능했던 소박한 호사는 모두 내 차지가 되었다. 그녀는 언니들에게 옷과 책을 물려받았지만 나는 새 옷을 입고 새 책으로 공부했다. 그녀는 걸음을 곱게 걷지 않아 신발이 빨리 닳는다고 애먼 소리를 들었지만 나는 금방금방 새 신발을 신었다. 아버지와 겸상을 하는 것도 나에게만 가능한 일이었다.

기억이란 때로 왜곡되어 공유하기도 하므로 그녀의 기억은 알 수 없으나 나는 그날 밤을 잊지 못한다. 집안의 잔치에 간 어른들이 늦게까지 돌아오지 않았다. 큰 집에 둘만 덩그러니 남았다. 해가 저물자 그녀가 저녁밥을 지었다. 밥상을 치우는 것도 그녀가 했다. 나는 괜하게 기분이 심드렁했다. 이불을 깔고 누웠지만 잠이 오지 않았다. 적막함을 덜 요량인지 그녀가 장난을 걸어왔다. 장난 끝에 그만 내가 울기 시작했다. 맹세코 그녀의 장난 때문에 운 것은 아니었다. 엄마도 보고 싶고 무섭기도 했다. 그녀가 나를 달랬다. 나는 더 크게 울었다. 그녀도 울기 시작했다. "내가 잘못했다. 울지 마라." 그녀는 나에게 용서를 빌었다. 나는 당치도 않다는 듯이 고래고래 소리를 지르고 울었다. 그녀는 쩔쩔매면서 울었고 울면서 나를 달랬다.

내가 죽는 날까지 미안하고 고맙고 사랑할 내 언니다.

—선거다리

집에서 학교로 가는 두 길이 있었다. 하나는 저수지 둑길이었고 다른 하나는 한참 저 아래쪽의 내를 돌다리로 건너는 길이었다. 저수지 둑길은 지름길이기는 하나 이어지는 산길 때문에 동네 아이들 여럿과 등굣길에만 다녔고 대개의 하굣길에는 다른 동네를 빙 둘러 돌다리 길로 다녔다. 홍수로 물이 붇거나 그보다도 먼바다의 밀물이 든 날은 나룻배를 타고 건넜다. 따로 뱃삯을 치르지 않는 나는 노 젓는 아지매가 무서웠다. 당시 공화당 국회의원이 선거가 있는 4년마다 다릿발 한 개씩을 세웠는데 내가 그 고장을 떠나 도시로 유학을 온 한참이 지나서야 다리가 완공되었다. 우리는 그 다리를 선거다리라 부른다.

남해안 고속도로를 벗어나면 저어기 선거다리가 보인다. 다리를 건너면 아랫담이 보이고 산모퉁이를 돌아 그 웃담이 우리 동네다. 벌써부터 가슴이 뛰기 시작한다.

* 회충
** 짚으로 만든 우비

저런 향수

뜻밖의 향수에 젖어보는 그런 날이 있다. 이미 지워졌거나 또는 까마득했던 일들이 어제처럼 명징하여, 툭 심장 소리 하나가 대열을 벗어난 듯한.

아들의 신혼집을 방문한 날이 그러했다. 고층 아파트 단지의 끝자락에 산이라기보다는 작은 동산을 맞대고 딱 한 동, 어중간한 터와 고도제한 때문에 지어진 것 같은 오층 아파트가 바로 아들의 집이다. 엘리베이터 대신 계단을 오르내려야 했지만, 가진 돈에 맞추어 부동산에서 소개한 집이 덥석 아들의 마음을 끌었던 모양이다. 아들의 첫마디였다.

"엄마, 우리 옛날에 살던 주공아파트와 같죠?"

계단을 오르자 작은 창밖으로 마른 잔가지가 풍성한 나목이 보였다.

"처음 집 보러 왔을 때 저 나무에 분홍색 꽃이 피어 있었어요."

다소곳이 함께 걷는 며느리는 서울에서 나고 자랐다. 시어머니로서 번듯한 새살림을 차려주지 못한 미안함이 내내 뒤를 따랐으나 아들의 수다에 그런 미안함은 그만 걷어버리기로 했다. 아들은 옛적 주공아파트에 대하여 향수를 가졌나 보다.

지척의 금정산이 잊은 적 없이 사계절을 내보이던 곳,

산 아랫동네 주공아파트에서 아이들의 유년을 보냈다. 50동이 넘는 오층 아파트들의 너른 뜰에는 복사꽃, 살구꽃, 개나리, 동백꽃, 벚꽃 들이 철을 따라 울긋불긋, 말 그대로 꽃 대궐을 이루었다. 비라도 내리는 날에는 이웃 중의 누군가가 밤새 내리는 비에 벚꽃 떨어질까 잠을 설쳤다 말하던 그곳 오층 아파트 동네.

작은아들은 무단히 재민이 할머니에게 전화를 걸어 피아노 학원 갈 시간을 묻고, 이른 아침에 눈을 뜨자마자 새로 산 신발을 자랑하러 간 오송이네, 밥때가 되면 노는 아이를 불러들여 뭐든 먹여 내보내던 종화네, 텃밭같이 편안한 사람들이 이웃하던 곳.

온 동네 매미 다 잡는다는, 정 담뿍한 이웃의 지청구를 들으면서 정작 한 마리도 잡지 못하던 내 아들들의 유년. 비가 오면 빗물이 고여 웅덩이가 되던 놀이터, 그 웅덩이의 흙탕물에서 헤엄을 치던 큰아이는 죽으면 놀이터에

묻어 달라 했다. 강시가 되어 밤에도 놀 거란다. 해가 지면 흙 묻은 신발을 아무렇게나 벗어던지고 뛰어들던 집. 그저 그런 밥상에도 볼이 미어지게 밥을 퍼 넣던 내 새끼들. 제 방을 두고 안방으로 달려와 기어이 내 옆구리에 붙어 자던 시절.

아들의 오층 아파트는 아릿아릿 그 시절을 떠올리게 한다. 이제는 재개발이 되어 어디쯤인지 분간도 없고, 그립다 눈길조차 이내 허무해져 버리고 마는 고급 아파트 단지가 되어 있다.

아들아, '옛 이야기 지줄대는 실개천도, 얼룩백이 황소의 금빛 게으른 울음도, 질화로의 재와 비인 밭에 밤바람 소리'는 비록 없지만 불시에 너의 유년이 방문하는 곳, 그 시절 향수에 젖어도 보는 곳, 이곳에서 장차 네 아이에게 들려줄 이야기를 만들어 가길 바란다.

친정 조카를 앞세우고 가 본 시골집은 금오산 아래의 작은 어촌 마을에 있었다. 마을 이름의 조그만 어항에서는 숭어와 전어가 잡힌다 한다. 남편은 무엇보다 집터가 너른 것을 마음에 들어 했다. 그러나 연줄연줄 지인의 말에 의하면 한때는 고을에서 최고 부잣집이었으나 자손들이 망하여 경매에 넘겼던 집이니 알아서 하라는 것이다. 꺼림칙한 기분을 부추기는 지인들의 진언도 있는지라 구매를 포기했다. 그런 일이 있고 난 뒤 남편은 말말이 시골집에 대한 미련을 드러낸다.

"어릴 때 아버지를 따라 술상이라는 마을에 갔던 기억이 있어. 소작인들에게 그해의 작황을 듣고 농지를 둘러보았었지. 어둑할 무렵에야 아버지 등에 업혀서 집으로 오곤 했어. 나 퇴직하면 한 달에 한 번쯤이라도 가 있을 시골집을 갖고 싶다. 서까래를 살린 천장을 보고 누워서 책을 읽고, 마당의 펌프에다 마중물을 부어 물을 길어 올리고, 집 뒤 텃밭 이랑에는 상추씨를 뿌리고 싶어."

세상에! 저토록 터무니없는 바람을 나무라지도 못하고, 저런 향수가 순전히 남편만의 것인지 어쩌면 나의 향수이기도 한 것인지 그저 모호하기만 한 하루. 오늘은 누구라도 그렇듯 차마 내다 버리지 못한 향수로, 벚꽃잎처럼 흩날리는 기억들을 쓸어 담아서 글을 쓴다.

사물거리다

첫 수필집을 상재한 날은 사뭇 들떴다. 내 이름의 책을 가진 것이다. 책 표지를 쓰다듬었다. 돋을새김을 한 제목의 감촉이 부듯했다. 책을 내고자 했을 때 처음 들었던 부끄러움은 어디 가고 없다. 같은 날에 두 명의 여학교 친구에 관한 기사가 신문에 실렸고, 연이어서 여학교 동기들 밴드에는 세 동창들의 이야기가 뜬다. 젬마와 수경, 무척 난감하지만 그 끄트머리에 나.

미국 유타주 솔트레이크에서 한국화로는 처음 개인전을 여는 젬마와, 제27회 호암상을 받는 수경의 기사이다. 참으로 대견한 친구들이다. 역사와 예향으로 유적한 도시의 오래된 목조 교사에서 공부하며 꿈꾸던 단발머리 친구들이 각자의 분야에서 자랑이 되었다.

젬마는 간호사였다. 카이스트 출신의 똑똑한 남편을 따라 일찍 미국으로 건너갔다. 두어 해 전 그녀의 집을 방문했던 동창의 전언에 의하면 남편은 미국에서도 저명한 교수라 한다. 사진 속의 그녀와 그녀의 집은 영화 속 한 장면 같았다. 유타대학교에서 순수미술을 전공한 젬마는 꽃을 그리는 화가가 되었다. 이번 전시회의 제목도 〈WHEN I CALLED YOU BY NAME YOU CAME TO ME AND BECAME A FLOWER〉이다. 화가는 "오래된 시*의 한 구절처럼 내 그림이 보는 이의 마음에 머물러 있기를 바란다. 나는 살아 있는 것들에 대한 감사함을 그림으로 그린다.

상징과 은유를 통해 동양철학을 드러내고 그림으로 이야기를 풀어내고 싶다."라고 한다. 전시회의 수익 전체는 남아프리카공화국 요하네스버그의 한 단체에 기부할 예정이란다.

수경은 물리학 교수이다. '국제공동연구그룹'인 벨 실험팀에서 주도적 역할을 하며 기존에 알려진 입자와는 전혀 성질이 다른 유형의 X, Y, Z 입자를 세계 최초로 발견하여, 향후 우주를 구성하는 궁극적인 물질과 그 특성을 연구하는 입자물리학 분야에 새로운 시각을 제공할 것'으로 기대된다고 한다. 상장과 순금 50돈의 메달, 상금 3억 원을 받는다. 달리 표정 없는 얼굴로 복도를 지나다니던 40여 년 전 그녀의 얼굴을 어렵사리 떠올렸다. 신문기사의 수경도 여전히 무표정이다. 헐빈한 앞머리 숱이 눈에 나서 짜안하다.

젬마와 수경에게 박수를 보낸다. 그녀들의 업적에 비

하면 여줄가리만 같은 내 수필집 상재를 축하하는 동창들에게 감사를 보낸다. 친구들의 삶을 시샘 없이 추어올리는 심성 고운 그녀들의 제각각 잘 다듬어진 예순 인생을 안아본다. 삶의 지문 같은 눈가의 잔주름과 조심 없이 튀어나오는 숭악한 사투리와 그새 커져 버린 목청까지도 다 사랑한다.

인근 중학교의 1등 재원들이 모였던 곳. 명문가에서 며느릿감을 우선 고른다 했던 곳. 너른 운동장을 빙 둘러 향나무 울타리가 둘렸던 곳 우리들의 여학교. 담쟁이가 예스럽게 벽을 타던 강당에서 황금찬, 서정주 시인을 만나기도 했었다. 허 씨인가 구 씨인가, 허 씨가 어머니이면 구 씨이고, 구 씨가 어머니이면 허 씨인 대기업의 총수가 어머니의 모교를 헐고 새로 지어 줄 때도, 그 강당만은 옛 모습 그대로인 목조건물로 네 배인지 다섯 배인지 크게만 하였다.

이맘때면 교실 창밖 화단에는 만발한 라일락꽃이 연보랏빛 지천이었고, 열린 창으로 바람을 타고 넘어 온 꽃향기에 나른한 오후의 졸음을 쫓던 시절. 오늘은 그 교정에서 웃고 재잘대던 열일고여덟 아홉 살의 얼굴들이 종일토록 사물거린다.

---

* 김춘수 〈꽃〉: 내가 그의 이름을 불러 주었을 때 그는 나에게로 와 꽃이 되었다.

막설하다

올여름, 까맣게 잊고 있었던 유년의 언어 하나를 찾았다. '막설莫說하다' 신박한 그 말은 친정 식구들과 보냈던 3박 4일, 제법 긴 휴가 동안의 주제어였다.

애초부터 제 엄마를 쉬게 할 목적으로 장조카가 기획한 휴가에 어쩌다 보니 늙은 시누이들이 셋이나 따라나선 것이다. 시누이들의 내왕이 동네 사람들 보기에 자랑이 된다 말하는 소박한 큰올케언니에게도 이번 일은 사뭇 애꿎다 할 만도 했을 터. 여든의 그녀와 그녀의 오십대 자녀들 넷 전부와 그리고 예순에서 일흔의 시누이들. 그러고 보니 타성은 올케언니뿐이고 말짱 황가들의 휴가였다. 이후 시누이들이 벌인 죄 막설해야 했을 일들을 떠올리자면 질부 질서들 안 온 것이 천만다행이었다.

전남 곡성 오일장 어귀의 난전에서 네 바퀴의 작은 의자를 본 것이다. 의자 바퀴가 네 개이니 전후좌우로 이동할 수가 있겠네. 김을 매거나 씨를 뿌리거나 뭐든지 캘 때도 밭고랑에 의자를 놓고 앉을 수 있으니 참 편하겠다. 그래! 하나 사자. 일행의 시끌벅적 소리에 난전의 주인이 나가왔다. 순간 "막설해라." 큰올케언니의 짧고 단호한 한마디가 모든 그 상황을 대번에 종료시켰다. 이때부터 막설하다는 어떤 상황이었던지 추억거리를 지어내는 잊지 못할 언어가 된다.

늙은 시누이들의 막설할 거리는 차림부터 시작된다.
"언니야, 다니기 불편한데 치마 입지 마."
"머리를 말리고 나서야지. 비 맞은 거 매치로 그기 뭐꼬."
먹는 일에도 의견일치는 없다.
"남도에 왔으니 한정식을 먹어볼까."
"배부른데 무슨 한정식을 먹는단 말이고?"
"그럼 시장에 명물 팥칼국수가 있다는데 그거 먹으까?"
"여름에 무슨 팥칼국수고? 시원한 콩국수를 먹어야지."
"해물짬뽕이 유명하다던데 그기나 먹자."
"해물도 안 나는 고장에 무슨 해물 맛이 있을라고."
"그래도 맛집이라는데 한 번 먹어보자."
"너그끼리 먹어라. 나는 안 먹을란다."
"팥빙수를 몇 그릇이나 시켰노? 한 그릇은 취소해라."
"괘안타. 내 다 먹을끼다."
사소한 행동거지에도 그냥 넘어가지 않는다.

"다슬기 좀 잡지 마라. 그러다 미끄러지면 우짤끼고."

"숯을 저리 넣으면 안 될낀데."

"암말 말고 고만 놔둬라. 갸들이 바비큐를 한두 번 해 봤것나."

저녁답이다. 셋 중의 맨 위 시누이가 기어이 울고 만다. 가운데 시누이는 맨 끝 시누이를 사정없이 나무란다.

"가스나 니는 하극상이다. 입 다물고 있어라."

맨 끝 시누이는 무지 속이 상했지만 차마 겉으로는 말고 속으로만 가운데 시누이에게 대든다.

'니는 하극상 아니가!'

여기까지만, 늙은 시누이들의 만고 철딱서니 없는 노릇들에도 그저 묵묵하기만 하던 큰올케언니가 딱 한마디 한다. 어쩌면 막설해라를 대신한 말. 그러나 나지막하게.

"나는 밤피*라서. 고모들은 똑똑헌깨."

막설하다를 씀은 엄마가 원조였다. 내 유년을 더듬어 보면 엄마는 그 말 말고도 도무지 출전出典을 알 리 없는 말들을 자주 썼다. 딸들에 대한 염원이었는지 주로 여자에게만 한정된 말들이다.

'여자는 목이 툭져야지* 황새 모가지처럼 지담하면* 청승맞아 보이니라.'

'여자는 키가 남자 어깨를 넘으면 안 되니라.'

'여자는 이마를 훤히 드러내야 집에 우환이 없니라.'

요새 같으면 지나가는 소가 듣고 웃을 그런 말들이 엄마에게는 신념이라도 되었던 듯 실제로 그와 관련하여 은밀한 사건도 있다. 키가 크고 목이 길었던 엄마는 자신을 닮은 언니들의 큰 키를 미안해했다. 어느 날, 아무도 없는 틈에 부엌으로 나를 부른 엄마는 살강에 얹어 둔 밥상을 내려서 내 머리에 이게 했다. "니는 언가*들처럼 키가 크면 안 된다." 그 후로도 엄마와 나는 꽤 오랫동안 무슨 의식처럼 머리에다 밥상을 이곤 했다. 엄마의 염원이 통하고야 말았던가. 나는 그만 키가 작다.

다시없을 아릿한 비밀이 되었지만 그럴지라도 엄마, 여럿 막설할 것들 그중에 막설해야 할 일을 엄마가 하고 말았네. 그대로 내가 엄마를 닮았다면 훤칠한 키에, 황새 모가지가 아니라 모딜리아니의 여인처럼 긴 목에다 우아한 꽃무늬 머플러를 두르고, 광채가 나도록 훤히 이마를 드러내고서, 가을 날 긴 길 따라 낙엽을 밟으며 걸어 볼 것을.

슲그미니.

그립다.

엄마.

---

* 밤피: 바보
* 툭지다: 굵다
* 지담하다: 길다
* 언가: 언니

그저 고향 같기만

메지메지 싼 봉궤 보자기를 푼다. 초벌의 취나물 향이 물씬하다. 취나물 꾸러미를 시작으로 참기름, 들기름, 볶은 깨, 들깻가루, 된장에 버무린 시래기, 호박오가리 시루떡…. 쑥과 냉이 뭉텅이에는 봄이 가득하다.

여름에는 방금 캔 푸성귀들을. 가을이면 온갖 가을걷이요 겨울이면 저장 찬거리와 묵나물들을. 철을 가리지 않는 것은 인근 해변시장에서 사 온 해산물들. 굴퉁이 같은 내가 못 미더워 생선은 손질하여 꾸덕꾸덕 말리기까지 해 준다. 그뿐만 아니다. 어릴 때의 군입거리였던 찐 고구마 말린 것과 불 땐 방이나 겨울 볕에서 건조한 감 말랭이를 지금도 맛볼 수 있으며, 해마다 보내는 김장 김치는 그해에 다 먹지 못하고 묵은지가 되어 있다.

그녀가 나를 위해 봉궤 보자기를 싸기 시작한 것은 대학 기숙사에 있을 때부터였다. 방학이나 대소사 등으로 시골집을 다녀올 때면 어김없이 내 손에는 봉궤 보자기가 들려 있었다. 시루떡을 쌌던 한 날에 기숙사에는 없을 거라며 떡 썰 작은 칼까지 넣었던 것을 기억한다.

그녀가 우리 집으로 시집왔을 때 나는 네 살이었다. 네 살짜리 시누이였다. 세 살 아래의 조카와 싸우면 시누이 대신 아들을 나무랐다. 일곱 살 아래의 질녀가 제 엄마를 도와 한겨울의 언 독에서 김치를 꺼내올 때 나는 아랫목에 누워 밥때를 기다렸다. 콩을 싫어하는 내 밥그릇에서 일일이 콩을 집어내 주었고, 사춘기 내 서답을 빨고 삶아서 자그맣게 개어 주었다. 중매로 만난 남편을 처음 인사시켰던 날 그녀는 '신랑감이 반눈에도 안 찬다.'라며 저 방으로 가 버렸다. 나를 딸이라 여기었던 때문이리라. 나는 훤칠하고 관옥 같은 신랑감을 보여주지 못해 미안했다.

결혼한 나는 그녀에게 배운 것 한 가지를 삼십여 년 동안 따라했다. 세배였다. 설날이면 이른 아침 새 한복으로 갈아입은 그녀가 나의 엄마 아버지에게 세배를 하였다. 방문을 열고 문밖 대청마루에서 큰절을 하는 것이다. 어린 나는 엄마 아버지 옆에서 세배하는 그녀를 눈부신 듯 바라보곤 하였다. 그리하여 항차 나도 시어머니 세배는 꼭 한복을 입고 이마에 손을 포개 얹은 큰절을 했다.

처음으로 그녀에게 용돈을 보냈던 날을 잊지 못한다. 그녀는 시인이요 현자賢者였다.

더는 이러지 마라
고마운 마음이야 어찌 다 이를꼬마는 우리 쓸 거 있응께
몸 성할 때 부지런히 돈 모우고 살아라
이리 안 해도 가끔 얼굴 보면서
서로 비위 안 상하고 살면
그보다 더 좋은 기 어딨노
탈 없이 잘 살아주는 것만 해도 내가 고맙제

그녀, 큰올케언니가 팔순을 맞았다. 바깥 출입이 여의찮은 큰언니와 먼저 떠난 작은오빠를 제외한 나머지 형제자매가 다 모였다. 순서대로 건배를 겸하여 축하 인사를 한다. 사회를 맡은 장조카가 웃는 얼굴로 당부했다.

"행여 울지 마십시오. 좋은 날입니다. 울면 벌금 받습니다."

둘째 언니가 말했다.

"나는 언니한테 평생 빚만 지고 살아서 아무 할 말이

없어요."

셋째 언니가 말했다.

"나는 말로 하자면 울어요. 조카가 울면 안 된다고 하여 편지를 썼어요."

넷째 언니가 말했다.

"나는 엄마 대신에 올케언니한테 다 배웠어요. 살림하는 거, 아이 키우는 거……."

막내시누이인 나는 무슨 말을 하였는지. 울먹임을 참느라 머릿속이 조여서 기억을 못 한다. 고향 같은 사람들, 큰오빠와 큰올케언니. 무릇 시인은 시를 쓰고, 가수는 노래하고, 화가는 그리고, 타향에서는 가슴에 품고, 실향민들은 꿈속에서라도 돌아가고 싶은 곳. 아무것도 탓하지 않는 곳, 아무것도 바라지 않는 곳 고향. 고사에도 이르기를 수구초심首丘初心이라. 나에게는 그저 고향 같기만 하다.

코스모스의 노래

한 차례 섬망으로 모두를 놀라게 했던 시어머니는 다시 평온을 찾았다. 예의 기품 있는 모습으로 돌아온 것이다. 표정은 온화했고 음성은 차분했다. 아주 잠깐, 이곳이 요양병원이 맞긴 한가 그리 싶었다. 시어머니는 침대 옆 의자에 나를 앉혔다.

"시집와서 고생이 많았다. 네 시아버지가 계셨으면 아들을 둘이나 낳아 잘 키웠다고 치사를 하셨을끼다. 내 너한테 모질게 굴었던 것 용서해라."

훗날 막내 시누이는 이 순간의 나를 탓했지만 나는, 시어머니가 번연히 원하였을 대답을 끝내 하지 못하였다. 그러면서 아팠다. 지난날까지 소급하여 아팠다. 자존심 때문에 말할 수 없었던 시어머니와의 사건들, 그때 시어머니의 표정들 언어들, 그 막막했던 순간순간들이 추체험되었다. 그리하여 낱개의 지금 이 순간으로 그것들을 제해 버리는 것이 당치않다 여겼기 때문일까. 그럼에도 나는 요양병원의 시어머니에게 성실했다. 나에게 보내졌던 모질음은 삭이지 못했어도 그 정갈했던 삶에 대한 경외심이 나를 버티게 했는지 모른다. 날마다 출근 전 병원에 들러 아침식사 수발을 맡았다. 미상불 나도 몰랐던 내 안의 모질음이었다.

시어머니와의 인과는 생의 마지막까지도 모질었다. 투석, 심폐소생, 인공 삽관……. 등의 연명 처치를 하지 않을 것에 서명하므로 나는, 시어머니 삶의 끝막음을 거들게 된 것이다. 그날 밤 나는 지독한 가위에 눌렸다. 나중에 장례를 치르는 동안 남편은, 나에게 그 일을 맡긴 것을 두고 동생들을 나무랐다.

딸들은 안방에서, 며느리인 나는 거실과 부엌에서 유품을 정리했다. 생전의 시어머니는 당신 미모에 대하여 자부심을 가졌다. 요샛말로 미모부심. 세 딸들도 인물이 곱다. 그것은 시어머니의 미모부심에 든든한 몫을 했다.

"우리 집안이 인물 집안이니라."

그러니 그지 그런 인물의 며느리가 마음에 안 들기는 당연시. 시어머니는 미모에 걸맞은 입성 또한 챙기었다.

"사흘 굶은 것은 몰라도 사흘 벗은 것은 아니라."

딸들은 어머니의 미모를 돋보이게 하였을 그만한 옷가지에서 남은 체취를 마저 맡기도, 잊었던 옛 추억을 들추기도 하는 모양이다. 까르르 웃다가는 이내 조용해지고 조용하다가는 다시 웃음이다. 안방에서 비켜난 나는 그 모든 것이 다 듣기 좋았다.

나는 사람들의 드러나지 않은 비밀스러운 적바림이나 해적이를 좋아한다. 한 사람을 아는 데 이보다 더 적확하고 진솔한 것이 있겠는가. 거실장 안에서 꺼낸 시어머니의 성경 필사 노트, 일본어 공부를 하던 공책, 그리고 일기장을 열었다. 흘낏 안방을 보니 딸들은 옷 고르기에 여념이 없다.

시어머니의 시와 글……. 나는 울컥했다. 사는 동안 한 번도 내게 살가운 모습을 보이지 않았던 시어머니. 마주하는 날은 횡격막이 차올라 깊이 날숨을 쉬곤 했었는데. 매사 신앙심으로 무장하여 한 치 빈틈도 없어 보였던 시어머니도 노년의 허무한 심정을 은밀히 드러내었던 것이다. 나는 시어머니에게 깊이 연민하였다.

친정 엄마보다도 더 긴 세월을 인연하며 내 정서를 잠식하였던 시어머니. 그 시어머니의 일상 언저리에 노상 우물쭈물 비켜서 서 있을 수밖에 없었던 며느리인 나. 저기 저쯤에 그들 둘이 나란히 서 있다. 거기가 이생의 어디쯤인지 저 생의 어느 길목인지. 나는 시어머니가 당신 생의 끝자락에서 건넨 화해에 조응하듯, 그러나 나의 익숙지 않았던 흔연스러움을 대신하듯, 글 중의 하나를 골라 연결이 안 되는 부분을 습유하였다. 내가 기억하는 시어머니의 모습으로 고아古雅하게 표구까지 하고서는 행여 보속補贖이라도 되어 줄까, 아주 조금 마음의 무게를 덜었다.

시어머니의 습유 유작시 〈코스모스의 노래〉 한 구절이다.

어언간 여름 가고 가을바람 불어오니

길가에 코스모스 철을 따라 우거지고
가늘고 고운 모양 하늘하늘 놀았건만
소리 없이 오는 세월 막을 이 누구일까
찬바람 찬 서리에 고운 모양 간데없다.

수필집을 내어 보니

새벽입니다. 하루 중 가장 정온한 이 시간이 좋습니다. 첫 수필집을 낸 것은 이런 시간이 있었기에 가능했습니다. 바삐 지나온 일상에서 잠시 쉬어 한숨을 돌리고 싶었죠. 고식姑息이라는 말을 생각한 것입니다. 책을 내고 나서도 내기 전의 부끄러움은 여전합니다만 숙제를 끝낸 듯 이 홀가분함을 수필 쓰는 사람들은 다 아시겠지요.

딴에는 여상치 않은 수필집을 내고자 조바심하였습니

다. 툭 던져진 책 더미에서 눈에 확 띄어 선뜻 집을 그런 수필집을 내고 싶었습니다. 수필의 도반들에게는 도전이 되기를, 문학에 손 적시고 발 담근 사람들에게는 수필문학의 심상찮음을 보여주기를 바랐습니다. 결국 바람은 바람으로 머물고 말았지만 그래도 책을 내기 전에는 그리 발칙하고 요망한 꿈도 꾸었습니다.

유명 작가들처럼 심중에 일렁이는 사유를 유려한 문장으로 쓰지는 못 해도 설익어 난삽한 글이 될까, 박양근 평론가의 '독자나 작가에게 신선한 인상을 주지 못하여 하루 만에 말라버리는 여름철 웅덩이 같은 글'이 될까 무던히도 앙당그렸습니다. 좀더 새뜻하고 좀 더 조아藻雅한 말을 찾아 글자 한 자 한 자를 대치시키고, 경첩이나 돌쩌귀를 다는 목수의 심정이 이러할까 토씨 하나하나를 흔들어 맞추었죠. 행여 쉬어가라고 삽화도 넣었습니다.

수필을 두고 신변잡기니 주변문학이니 하는 말을 입문

때부터 들었습니다. 아무나 쓰는 글, 그저 생각나는 대로 마음 가는 대로 쓰는 글이라 여기는 사람들이 있지요. 원고를 정리하면서도 '아무도 거들떠보지 않을 수필집'이라는 지레짐작으로 내내 마음이 산란했습니다.

책을 내고 나서는 책을 내기 전보다 생각이 많아졌습니다. "책 한 권 내는 데 칠 년이 걸리느냐?" 수필집을 건네받은 한 지인의 말이 아직도 자리를 못 잡고 제 주위를 맴돕니다. 경험의 세계가 다르면 이렇듯 서슴지 않는 말도 하는구나 싶었습니다. 하기사 칠 년의 세월이면 몇 백 벌의 한복을 지었을 것이고, 몇 천 그릇의 국수를 말았을 것입니다. 문득 수필가로서의 책무랄까 마음이 죄었습니다.

여하하든 수필쓰기는 온전히 나 자신과 독대하는 시간입니다. 지나온 삶의 편린을 글자로 만들고 문장으로 순서를 정하니 미망했던 내가 보이기 시작했습니다. 담 같고 벽 같았던 주위가 보이기 시작했습니다. 맛문한 삶에 이처럼 좋은 위로와 성찰이 어디 있겠습니까. 비록 비기祕記를 적는다 한들 아무도 애꿎게 나무라지 않을 일입니다. 이렇듯 허구가 아닌 수필을 〈무서록〉의 이태준 선생은 '심적 나체'라 하고, 유병근 시인은 '화장을 마다 한 민얼굴'이라 하고, 김광영 수필가는 '모시적삼 속에 아른거리는 맨 살갗'이라 하는군요.

책 내는 수고와 조바심은 책을 내어 보니 알겠습니다. 아무려면 손애라 시인은 산후조리 잘하라는 덕담을 했을까요? 제 수필집을 받고 보내준 축하의 글들이 진정 용기가 되었습니다. 지난날 작품집을 받고도 으레 그러려니 가만있었던 나의 무심함을 깊이 뉘우쳤습니다. 인제부터는 저도 책을 받으면 그리할 것입니다.

스승님, 수필 입문 때 일러 주신 '매력 있는 제목, 효과 있는 서두, 여운 있는 종결에 걸맞은 절창 한 편을 쓸 때까지 게으름 피지 않겠습니다.

“첫 수필집 발간을 축하합니다. 무작위로 몇 편을 읽었네요. 번득이지 않으면서 고급스러운 옷감 한 필을 받은 느낌입니다. 배울 점이 많은 수필집이어서 이 수필집으로 문운이 왕성하리라 믿어 의심치 않습니다. 기숙사로 돌아오던 어스름 저녁에 불 켜진 방을 쳐다보며 서러워하던 장면이 울컥하게 만듭니다.”

“오월 첫날 〈전잎을 다듬다〉를 읽었네요. 봄 햇살이 방안 가득한 날, 작가를 만나는 시간은 한 잔의 커피를 마주하는 것 같습니다. 언젠가 ‘무직히다’ 글을 어딘가에서 읽었던 기억이 있습니다. 그때 두 번을 거듭 읽고 한 동안 생각에 잠겼었지요. 산수유 향기가 나는 작가님, 좋은 봄날 되세요.”

2부

미씽

날이 참 좋구나. 창가에 내려앉은 햇살은 편안하고 찻물 또한 마침하게 우러났으니 무를 수 없는 지난 일들에 새삼 잃은 것 얻은 것 세어서 무엇 하겠느냐. 그저 지난날 궂었던 기억일랑 미씽하여 주기만을.

미씽

영화 〈미씽, missing〉은 워킹맘의 이야기, 두 여성의 이야기 그리고 우리들의 이야기이다.

주인공 지선은 이혼 조정 중인 워킹맘으로 그녀 혼자 감당해야 할 벅찬 삶에는 '누군가'의 도움이 절실하다. 또 다른 주인공 한매는 그 '누군가'로서 지선의 아이를 돌보는 조선족 보모이다. 한매는 지선의 아이를 제 아이처럼 돌본다. 아이의 콧물을 훔쳐 먹기까지. 지선에게 한매는 전적인 의지, 절대적인 신뢰이다. 그 한매가 지선의 아이와 함께 사라져 버린 것이다. 한매의 진짜 모습은 안쓰러웠으나 섬뜩했다.

여성이 한 아이의 엄마가 된다는 것은 다 표현할 온전한 단어가 없을 만큼 값나는 경험이다. 그와 함께 누구와도 나누어 가질 수 없는 모성으로서의 숭엄한 책무를 갖게 된다. 그럼에도 모성은 족쇄와도 같다. 일터에서는 눈치를 봐야 하고, 가정에서는 아이에게 소홀하다는 시어머니의 푸념을 들어야 하고, 아이가 아파도 아이가 다쳐도 아이가 공부를 못해도 행여 아이의 불행까지도 죄다 모성의 책임으로 몰아치다. 단지 모성의 이유로 아이의 삶 일체에 대하여 때로는 죄인 취급을 받기도 스스로 죄인이 되기도. 그리하여 〈미씽〉의 지선처럼 모성 이전의 모습을 잃기도, 한매처럼 전혀 낯선 성정으로 변해버리기도 하는 것이다.

일하는 여성에게 시어머니는 야누스의 얼굴이다. 친정어머니와 시어머니의 민낯으로. 일하는 여성에게는 남편도 매 순간 천의 얼굴이 된다. 우리가 영화 〈미씽〉을 보고 눈물을 흘린다면 그녀들의 이야기가 바로 우리들의 이야기라는 공감 때문일 것이다.

ㅂ 선생은 아침 첫 수업시간을 딱 맞춰서 후다닥 문을 열고 들어선다. 미처 입을 새 없는 가운은 팔에 걸치고 책은 옆구리에 끼고, 내 방 앞을 지날 때는 나와 눈이라도 마주칠까 반쯤 고개를 숙이고 잰걸음을 걷는다. ㅂ 선생에게는 다섯 살짜리 아들이 있고, 남편은 고3 담임이다. 한 날에 ㅂ선생과 마주 앉았다.

"선생님, 아침 첫 수업이 바쁘죠? 5분만 일찍 오면 좋겠는데……."

"아이가 아침에는 떨어지려고 하지를 않아요. 언젠가

한 초등학교 교사의 글을 읽었어요. 새로 부임한 학교는 아침마다 교감선생님의 조회가 있었다 해요. 그 선생에게도 다섯 살 아이가 있는데, 아침 출근 시간만 되면 똥이 마렵다고 한다더군요. 매번 아이를 달래서 어린이집에 맡기곤 했지만 그날은 진짜로 아이가 똥을 누더랍니다. 신학기인지라 지각을 하면 행여 눈에나 날까, 휴지를 가득 뭉쳐서 아이의 바지 속에 넣어 항문에 대고 옷 밖에서 눌러 어린이집 문 안으로 밀어 넣다시피 하고는 출근을 했다 했어요. 그 글을 읽고, 나는 적어도 아이의 똥은 치워주고 출근하리라 다짐했습니다."

우리는 손을 맞잡고 같이 울었다. 나는 조금 울었지만 ㅂ 선생은 오래 울었다.

내내 워킹맘으로 살았다. 긴 시간이었다. 아이를 돌봐주었던 분들이 무엇보다 우선하여 생각난다. 같은 동의 반장 아주머니, 아파트 옆 빌라의 할머니, 부실한 아들을 키우면서도 항상 밝았던 시댁의 촌수 먼 손위 시누. 새삼 고맙습니다. 그때는 도무지 몰랐었다. 당신들이 있어 내가 저 영화 〈미씽〉의 지선 같지가 않았다는 것을.

초등학교만 다녔다는 반장 아주머니는 중졸의 남편을 자랑스러워하였고, 우리 부부가 대학 나왔다는 것을 민망스럽도록 부러워했다. 뒤에 들으니 자녀 셋이 모두 대학을 나왔고 반장 아주머니는 교사인 둘째 딸의 아이를 돌봐준다고 한다. 빌라의 할머니는 그러지 마시라고 해도 꼭 집 안 청소를 하셨다. 어느 날에는 남편에게 맞고 온 딸을 우리 집에 피신시키며 내 얼굴을 비끼고는 늘켜 우셨다. 촌수 먼 시누는 퇴근하고 아이를 데리러 가면 싱싱한 오이무침으로 밥을 차려주고는 하였다. 가끔 그때의 싱그러운 오이무침이 그립다. 시누의 부실한 아들은 마흔을 넘겨 캄보디아에서 온 앳된 신부를 맞았다. 신랑은 입가에 웃음을 감추지 못했지만, 캄보디아 목사님은 어눌한 한국말로 신부를 잘 부탁한다고 거듭 말하였다.

언니와 같은 아파트에 살면서부터 아이들은 제 이모의 돌봄을 받았다. 고마움으로 가슴이 저리는 내 인생의 '누군가'인 내 언니. 한날 아침에 언니의 전화를 받았다. 간밤에 조카가 응급으로 맹장 수술을 하여 아이를 데리러 올 수가 없다는 것이다. 시어머니께 전화를 드렸다. 아이를 데려다주라 하신다. 그리하기에는 출근 시간을 맞출 수가 없다. 큰아이를 교회 선교원에다 맡겼다. 같은 교회일 뿐 아이를 맡길 정도로 선교원의 누구와 친분이 있는 것은 아니었다. 그런 좋은 시설도 있었다. 그날은 종일, 내 눈에 손에 발에, 낯설어할 아이가 밟히고 걸리고 차였다.

강의 시간이 예고도 없이 바뀌었다. 작은아이를 혼자 집에 있도록 달래고는 바삐 다녀왔다. 아이가 달려와 안

졌다. 빨래 더미에서 군데군데 피가 묻은 수건을 발견했다. 주스 캔의 뚜껑을 따다가 엄지손가락을 베인 것이다. 손을 등 뒤로 감춘 아이는 "엄마 잘못했어요." 그러면서 울먹였다. 나는 아이를 끌어안았다. 아무도 없는 집에서 수건으로 피를 닦으면서 혼자 느꼈을 아이의 공포가 내게로 옮겨왔다. 심장에 금이 가는 듯 아팠다.

내 아들들아. 날이 참 좋구나. 창가에 내려앉은 햇살은 편안하고 찻물 또한 마침하게 우러났으니 무를 수 없는 지난 일들에 새삼 잃은 것 얻은 것 세어서 무엇하겠느냐. 그저 지난날 궂었던 기억일랑 미씽하여 주기만을. 이제는 일을 끝낸 어미가 무딘 손가락으로 더디게 컴퓨터 자판을 두드리며 기도한다.

허우룩하다

그것은 내다 버리는 일부터 시작되었다.

무려 17년을 아무런 군말 없이 한쪽 벽을 지켰던 학원 원훈, 강사 현황, 수강료 게시표, 시간표……. 등을 넣은 액자. 끄집어낸 서류 더미는 그간의 연륜을 드러내듯 엄청났다. 아꼈던 그림과 사진, 어렵게 구했던 책이며 망설이다 사들였던 값나는 실습 기자재들, 하다못해 문구류 하나까지.

그만한 세월이면 일하는 사람의 혼이라도 스미었을 만하건만, 내다 버릴 상자에 옮겨 담는 직원들의 손은 무심해 보였고 다만 분주하였다. 그들에게는 한낱 버림치에 불과했으리라. 막판의 성가신 일에 대한 푸념이 미안하면서도 서운하게 들리는 것은 순전히 나의 이기심이다. 촛불을 들고 활짝 웃는 액자 속의 얼굴들에는 애매하게 고개를 돌려버리고 말았다.

와중에 몸속의 장기 하나를 떼어내는 수술까지 받았다. 수술을 받는 연유가 학원을 접게 만든 것인지, 학원을 접으므로 미루던 수술을 받은 것인지, 순서를 따질 새도 없이 내 몸의 일부분이었던 장기와는 어떤 인사말도 못한 채, 깊은 잠 속에서 이별하였고 깨어나서도 더는 소식을 들을 수가 없었다. 오십 그램 남짓의 한 주먹도 못 되는 것이 그동안 제 할 일을 완벽하게 다 해내었건만, 이제는 쓸모도 없는 묵정밭 같은 것이 얌전히 있지도 않고 기어이 탈을 일으킨다며 인정 없이 내다 버린 것이다.

내가 학원을 접으므로 일터를 잃은 강사들 직원들. 나는 그들까지도 매몰차게 버린 셈이다. 나보다 더 젊고 탁월했던 그들은 단지 원장이라는 이유만으로 때론 못마땅하고 때론 터무니없었을 나를 참아왔을 것이다. 지금에 와서 새삼 그들의 심정을 헤아려 본다는 것은, 너무 오래 원장으로만 있었던 탓에 잊고 살았던, 이전의 내 처지를 떠올려보는 것만큼이나 힘이 드는 일이었다. 혹여 나도 누군가로부터 용도가 다하여 버려진 적은 없었는가의 기억을. 다행인지, 옳든 그르든 내가 왔던 길은 죄 나의 선택이있다.

용도를 다하고 버려지는 그것이 궁극의 인생이라면 쓸데없이 심오한가. 이 순간에는 수필가 한경선의 글이 가슴으로 와 부딪는다. 이사를 위해 짐을 정리하다가 더 줄 데가 없어 남아있던 수필집을 폐지 할머니에게 건네면서

'사진이나 넣지 말 것을.' 하였다는. 아뿔싸! 내 수필집에도 사진을 넣었지. 아직 손에 받아 보지도 않은 수필집을 두고 내다 버릴 것을 염려한다. 이 염려는, 장차 한순간 일시에 이생의 것을 몽땅 내다 버려야만 할 그때를 기다리는, 예순 이후의 삶에 대한 조심 같은 거라며 자신을 다독인다. 그렇게 해서라도 허전함인지 아쉬움인지 홀가분함인지, 도무지 명확하지 않은 무경계의 이 허우룩한 심정을 가라앉혀야만 했다.

한때는 나의 신분이며 열정이었던 학원 등록증은 교육청에 반납했다. 돌아나오는 양 길가로 죽 벚꽃이다. 꽃길이 환하다. 아! 벚꽃. 그래, 벚꽃이 필 무렵이지. 봄이네. 계절의 순환이 신기할 것도 없는 나이, 일상에 쫓기며 살다 보니 무심한 시간 속에 잊고 살았던 봄도 벚꽃도 새삼, 새삼스럽다.

별안간 바쁘다

아버지는 신음을 감추며 쓰린 가슴을 안아 몸을 웅크리고 돌아가셨다. 엄마는 아랫목에서 방문 앞으로 몸을 움직여 막내딸을 기다리다가 영영 눈을 감았다. 시어머니는 아무도 곁에 없는 요양병원에서 한밤중에 숨을 거두었다. 연락을 받고 달려간 자식들은 기척이 있어 가보니 이미 숨을 거두었다는 말만을 들었다. 작은오빠는 요양병원의 창가 자리에 모로 누운 채 시린 듯 어깨를 움츠

리다 명을 다했다.

저렇듯 쓸쓸하기 그지없는 정경의 죽음이란 무엇인가! 누구도 비껴날 수 없고 어떤 경험치도 없으며 기어이 홀로 맞아야 하는 것. 이생의 것과는 영원히 종말인 것. 삶의 끝막음. 종교도 철학도 과학도 답을 내지 못하는 난해한 명제. 죽음이란 무엇인가.

이 영원의 질문이 영 뜬금없지도, 나이보다 철 이르지도 않는 것은 내 몸에 암세포가 있다는 의사의 말을 들었기 때문이다. 여기서 저기로 거처를 옮기는 것처럼, 오래 머물렀던 직장에서 퇴직하는 것처럼 그렇게 수월한 일이 아니야 하면서도, 이미 경험했던 생활 사건에다가 빗댈 수밖에 없는 것이 기껏, 죽음에 대하여 내가 가진 사유의 속내였다.

예로부터 제 명을 다하고 늙어서 편안하게 죽는 고종

명考終命을 복으로 꼽아왔다. 영화 〈타이타닉〉에서의 남자 주인공 잭은 바다에 뜬 배의 잔해 위에 여자 주인공 로즈를 올려놓고 자신은 올라갈 자리가 없어 매달린 채 말한다. '바다에 빠져 죽지 말고 살아서 결혼도 하고 아이도 많이 낳고 행복하게 살다가 늙어서 편안히 죽으라'라고. 구약 시대의 욥에게 여호와께서 베푸신 궁극의 축복 또한 "욥이 늙어 나이가 차서 죽었더라."이다.

그러나 몽테뉴는 그의 수상록에서 "어디에선가 죽음이 우리를 기다리고 있는지도 모른다."라고 하지 않았는가. 그리하여 집을 나설 때마다 나는, 이 집에 다시 돌아올 것인가. 어디 속옷을 함부로 벗어 두지는 않았는지, 하다만 설거지가 돌아보여서 괜하게 현관의 신발을 가지런히 모으기도 한다. 빚은 없지만 줄어들지 않는 카드값이 매번 켕긴다. 남편은 카드값을 보자마자 죽은 나를 향해 잔소리를 해 댈 것이다. 살아서 언성시럽게 듣던 잔소리를 죽어서까지 듣는 것은 도무지 싫다.

적금통장을 친정에 맡기고 수술실에 들어갔다는 어느 철학 교수의 글이 떠올랐다. 수술을 결정하면서 저 몇 푼 안 되는 금액의 차용증서를 누구에게 맡기나 잠시 고민하다가 금고 속에다 넣었다. 딱히 넣어 둘 만한 것이 없어 입주 때부터 죽 비었다가 얼마 전에야 작은아들이 사용법을 가르쳐주었으니 비밀번호를 알고 있을 것이다. 혹 내가 죽더라도 그걸 열겠지. 엄마가 준 돈이라 여기고 결혼할 때 보태면 되겠다. 막내라고……. 목에 가시처럼 마음에 걸리네.

시어머니는 여러 번이나 장성한 자식들 앞에서 장차 묻힐 곳을 염려하셨다. 고향의 선산, 교회의 부활동산, 의과대학에 시신 기증 등. 며느리로서는 외람되나 참으로 부질없었다. 지금은 햇살 좋은 기독 공원묘지에 누워 계신다. 검소함의 규정이라 하여도 우리 교회 부활동산은 가끔 휘휘하게 보일 때가 있다. 그곳에 가면 영화 〈닥터 지바고〉의 첫 장면인 장례식이 떠올라 쏴 가슴에 찬바람이 인다. 살아서 충분히 쓸쓸했으니 죽어서도 그리 보이기까지야.

"엄마, 화장은 허무해요."

큰아들은 친구 아버지의 장례식에 다녀와 그리 말했지만, 껴묻거리 하나 변변치 못한 허무한 족적은 남겨 무엇하리. 내 친구는 사는 게 아파서 울고 싶을 때 엄마 무덤에 가서 운다고 했다. 하지만 '저 집 막내딸 시집살이 서러워서 우는갑다.' 동네 아낙들의 입 진 말이 무서워 한 번도 엄마 무덤 앞에서 울어보지 못했다. 하물며 딸도 없는 내 무덤에서 누가 울겠는가. 그리하여 나는 감히 프리다 칼로*처럼.

"이 외출이 행복하기를, 그리고 다시 돌아오지 않기를."

죽음 앞에서 이런 멋진 말로 일기 한 줄을 남기고 이

땅에서 흔적 없이 떠나고 싶다. 드라마 〈도깨비〉에서 처럼 깡그리 소멸되고 싶다. 행여 그대, 더는 나를 기억치 말기를.

그렇더라도 사람 사이에 진 정情 빚은 다 갚고 갈 수 있을 것인가. 아무렴 나의 이기심으로 짊어진 빚일랑 기필코 청산하여야만 할 터인데. 별안간 바쁘다.

> 나는 몇 해 전에 세워놓은 선산의 가묘로는 안 갈라요. 그리론 안 가고 싶네. 혼자서 걸어걸어 가묘를 찾아 가 보았소. 죽어서 갈 곳인데 정붙여놔야지 싶어서. 마음을 달래보려 노래를 부르며 풀도 뽑아주고 자리를 펴고 해가 저물 때까지 앉아 있어보기도 하고 그랬는디 마음이 안 붙어라오. 오십 년도 넘게 이 집서 살았응께 인자는 날 쫌 놔주시오.
>
> —신경숙의 〈엄마를 부탁해〉 중에서

---

* 멕시코의 여류화가

오늘은 고맙다

새로 산 SUV 차량은 승용차에 익숙해진 나에게 감당이 안 되었다. 짧은 다리로는 탈 때의 불편은 물론이거니와 내릴 때가 더했다. 발이 닿지 않아서 디딜 곳을 더듬거려야만 한다. 우아한 사모님 코스프레는 저만치 가고 없다. 낯선 기능을 익히는 것도 기계치인 나에게는 부담이다. 때마침 그 자동차 회사에서 구매 후 한 달이 안 된 차를 교환해 준다는 기사를 보고 그만 승용차와 바꾸기로 한 것이다.

어인 일인가. 남편이 자기는 지하철을 타고 갈 터이니 나더러 자기 차를 가지고 가란다. 새 차가 나올 때까지는 한 달여 걸린다 하니 그동안 필요하면 타고 다니라는 말까지 얹었건만 통 낯설다.

달포나 전부터 낯선 남편을 만나기 시작했다. 첫 대면은 수술을 받고 퇴원하여 집으로 돌아왔을 때였다. 현관문을 열자마자 빈 병 등이 가뜩한 재활용 바구니가 눈에 들어왔다. 버리는 곳이 어디 먼 곳에 있는 것도 아니고, 달리 버리는 날이 정해진 것도 아니고, 아파트 층마다 있어 쪼르르 갖다 두기만 하면 될 걸, 기어이 나의 퇴원을 기다렸나. 부아가 치미는 순간을 뒤미처 재활용 바구니가 무단히 자빠졌다. 쏟아진 빈 병들이 대리석 바닥에 요란한 소리를 내며 구른다. 나를 대신한 빈 병들의 부아질에 속이 후련하면서도 별 수 없이 무르춤하여 아이코! 했다. “금방 버리려고 했는데.” 남편이 그걸 주워 담는다. 도무지 익숙지 않은 장면이다. 아들들도 음식쓰레기 비우는 일이며 욕실 청소 등으로 바쁜 나를 도왔건만 거들떠도 안 보더니. 그도 변하는구나.

내친김에 흉 하나쯤은 더 보기로 하자. 하나에 만 원씩 욕실 둘을 청소한 아들에게 이만 원을 주곤 했다. 어느 날 남편이 나에게 말을 건다. “나는 만 오천 원에 해 줄 수 있는데.” ‘저런 밉상! 공짜로 해 준다 해도 생색이 얄미워 마다 할 판인데. 아들이 삼만 원을 달라 한들 당신에게는 못 준다.’ 그땐 그랬다. 더 거슬러 담요를 욕조에 넣어 발로 밟아 빨던 시절이었나. 남편은 담요 한 장에 오천 원을 받았다. 팬티만 입고 담요를 밟아대던 남편의 씩씩한 다리에 무한한 애정을 보내곤 했다. 그런데 세탁소에서도 담요를 빨아준다는 것을 나중에야 알았다. 더욱이나 담요 한 장에 삼천 원이라 했다. 세상에! 그 차액과 그간의 이자를 합치면 얼마인가.

오랜 바깥일을 접었다. 37년의 세월을 한데 모아 동였다. 묵밭 같은 장기 하나도 떼어내었다. 그런 후 처음 외출을 한 것이다. 흠, 햇살. 꽃샘바람은 아직 남은 미련을 쌀쌀하게 드러내건만 차 안에서 맞는 봄 햇살은 이렇게 좋을 수가 없다. 내 기분도 덩달아 좋다. 별일 없느냐고 시시때때마다 전화할 부담 없는 여유. 수시로 핸드폰 문자를 확인해 볼 필요 없는 편안함. 매번 지금 하는 일에 얼마만큼의 시간이 소요될 것인가 가늠하지 않을 이 완벽한 자유. 그다음 시간에 쫓겨 조바심하지 않아도 되는 이 느긋함. 멀리 여행을 가서도 자주 시차를 계산해야 했던 초조함도 이젠 안녕.

대학원에 다닐 때는 빨래를 빨랫줄에 널지 못했다. 거실 바닥에 죽 널어놓고는 마르면 각자 자기 것을 찾아

가라 일렀다. 제 양말이 없다는 작은아이에게 아무거나 신으라 하니 했던 말이다. “형님 양말은 괜찮은데 엄마 양말은 발이 다리에 있어요.”

강의와 연구로 분주한 교수님들도 별반 다를 게 없었다. 연치를 잊은 그 교수님은 강의 때마다 자신의 심경을 ‘미친년 반짇고리’에다 비유하여 우리를 민망케 했다. 군인의 아내인 그 교수님은 아이의 일기장을 읽었다. “나는 남자 중에는 군인이 제일 싫고 여자 중에는 교수가 제일 싫다.” 바쁜 부모를 둔 아이의 글이 요새 말로 참 웃프다. 논문 발표의 사회를 맡은 교수님은 짝짝이 귀걸이를 하고 있었다. 그 순간 그게 유행인가도 했었지만, 이 모든 것이 그 시절 일하는 엄마들의 실상이었다.

수필집 ≪백 년을 살아 보니≫를 쓴 98세의 노철학가는 60세에서 75세까지가 인생의 황금기라 한다. 이전에는 생각이 얕았고 행복이 무엇인지 몰랐지만, 그 나이가 되어서야 생각이 깊어졌고 행복이 무엇인지 알았다는 것이다.

이제부터 시작이다. 바삐 어디를 가야 할 곳도, 시간을 가늠할 이유도 없다. 햇살까지 좋으니 느닷없는 기분은 조증躁症으로 바뀐다. 가만있을 수가 없다. 기어이 전화기의 스피커폰을 꾸욱 눌러서 오랜 지인과 수다를 떤다. 이렇게 좋은 날도 있는 걸. 황금기라 하지 않는가. 우선 노 철학가가 전하는 말 "조심조심, 미리미리"를 한 번 더 가슴에다 담는다.

어찌 되었든 암세포야, 오늘은 고맙다.

무위의 자유

나는 지금 무위의 자유를 누린다.

눈곱만큼도 더는 일이란 걸 하고 싶지 않아 다만 쉬고 싶을 뿐. 그럼에도 냉엄한 비즈니스의 세계에서는 명분의 절차를 챙기었다. 그로부터 육 개월까지는 이 분야와 관련 어떠한 일도 하지 않을 것에 서명하므로 자유 하나를 무상으로 얻은 셈이다. 이름하면 아무것도 하지 않을 무위의 자유.

수술 후의 정기적인 follow-up도 그간 수고했다는 의사의 말로 끝이 났다. 편견이라 제쳐도 괜찮다만 나는 성별을 막론 잘생긴 의사가 좋다. 그는 인사로 건넨 나의 수필집을 읽고는 한 권 더 주기를 청했다. 수필 읽는 그를 앎으로 의사의 외모에 대한 편견은 그만 버리기로 한다.

아무것도 안 할 자유의 하루하루는 지금껏 경험해 보지 못한 새로운 세계였다. 어떠한 구속도 채근도 없는 온전한 나만의 시간이 얼마나 신기한지. 심지어는 새벽기도의 경건한 구속마저도 미루적거렸다. 어느 날은 한밤중에 문득 잠에서 깨어 멍하니 천장을 바라보면서 내가 이래도 되는지. 어제까지의 종종거렸던 내가 맞나? 새벽부터 늦은 밤까지 그 분주했던 일들은 다 누가 하고 있는지. 참으로 허랑한 생각까지 하였다마는. 그럼에도 당분간은 이 무위의 자유에서 벗어나고 싶지는 않다. 어쩌면, 서명한 기간이 끝나는 학기부터 한 학교와 구두 약속한

강의도, 어느 장애 단체의 재능 기부의 강의도 안 한다고 기별할지 모르겠다.

무위의 자유. 아무것도 안 해도 된다는 것은 곧 나 하고 싶은 것만 해도 된다는 뜻이기도 하다. 자고 싶을 때 자고, 깨고 싶을 때 깨고, 먹고 싶을 때 먹고, 씻고 싶을 때만 씻는다. 파마를 하지 않아 앞으로 쏟아지는 머리칼은 고무줄로 아무렇게나 뒤로 묶은 채, 목이 늘어나 헐렁한 티셔츠를 평상복 겸 잠옷으로 종일 걸치고 있다. 우편물을 챙기거나 지하 마켓을 가는 등 잠깐 볼 일은 선글라스를 씀으로 싹 해결한다.

그가 마다함으로 출근하는 남편의 아침 식사 챙기는 것조차 무위의 품목이 되어버렸다. 나는 바빴고 남편은 안식년을 보내던 지난 한 해 동안 그는 식습관과 생활습관을 완벽하게 바꾸었다. 시장을 보고 요리를 하고 스스로 정한 시간에 그만의 먹거리로 식사를 했다. 간간이

"먹어볼래?" 한마디쯤 건네면서. 비싼 찹쌀과 팥으로만 밥을 짓는 그를 속으로만 못마땅해할 뿐 겉으로는 아무 말도 못 했다. 어쩌면 그것은 단순한 가외가 아니라 정년퇴직 이후의 그를 위한 온당한 도전일지 모를 일이다.

남편에게 무위는 당치 않다. 하루도 그냥 있지를 못한다. 손에 잡힌 일이 없으면 찾아서라도 무언가를 했다. 아무것도 하지 않고 있으면 가슴이 두근거린다 했다. 일중독이라 비난해도 그만이었다. 그런 그를 생각하자 나는, 누가 뭐라 하지 않음에도 불구, 마냥 나른한 무위에 대하여 얼마만큼의 죄의식을 갖기 시작했다. 그리하여.

긴 세월 동안 일로써 인연 했던 지인들에게 내 수필집 한 권을 보냄으로 그간의 고마움과 작별인사를 갈음했다. 밀린 숙제를 하듯 책을 읽는다. ≪논어≫, ≪사기≫, 러시아 소설들, 두께에 지레 겁먹고 덮어버렸던 고전들을 훑는다. 몇 편만을 골라 읽고 두었던 수필집들을 예의 있게 꼼꼼히 다 읽는다. 컴퓨터에 저장해 둔 벼리를 잇고 채워서 한 편씩의 수필을 마무리한다. 마무리한 글들을 끄집어내어 다듬는다. 더러 해찰궂은 불면은 그렇게 달랜다. 다독, 다작, 다상량. 천년이 지나도 변하지 않는 글쓰기의 묘妙라 했다. "글 쓰는 데는 죽치고 앉아 쓰는 수밖에 없다." 헤밍웨이의 말이다. 이참에 수필집 한 권을 더 내 볼까 하는 암팡진 꿈도 꾸어본다. 어정잡이 글쟁이지만 이러다 보면 언젠가는 풋감 같은 내 글에도 단맛이 들겠지. 듬성듬성 빼먹던 문학회 모임도 꼭꼭 챙긴다. 몇몇 장면들이 여전히 선명한 올드 무비들을 감상하고, 정규 방송을 보지 못해 대화에도 낄 수 없었던 인기 드라마들을 리모컨으로 불러내었다.

두어 번 통도사를 다녀왔다. 주변의 암자를 일일이 들러보는 여유, 산도들도 그들의 푸름도 내 시야에서 무연

했다. 이 후덕한 푸름이야말로 내가 무시로 산사를 찾는 한 이유이기도 하다. 슈바이처는 죽어서 모차르트를 듣지 못할까 아쉽다 했다 하나 문외한 나는 그 세레나데, 〈아이네 클라이네 나흐트 무지크〉가 곁들여진 한 날의 추억이 점차 희미해짐을 아까워하며 그의 고향 잘츠부르크를 다녀왔을 뿐이다. 어떤 추억은 기억 속에서 배양되고 조탁彫琢되어 내 사유를 부요케도 한다. 뜬금없이는 대마도의 덕혜옹주 결혼기념비를 둘러보며 그녀 대신 회억에 젖기도 했다. 매번 공항으로 가는 길에서는 '내 소설의 대부분은 여행지에서 씌어졌다.'라고 한 ≪설국≫의 저자 가와바타 야스나리를 떠올리곤 했다.

이사 한 지 몇 해가 지나건만 새벽부터 밤까지 밖에만 나도는 처지라 딱히 알고 지내는 이웃도 없다. 하기야 12년을 살았던 그전 집을 떠날 때도 작별 인사를 할 딱 한 사람이 세탁소 주인이었던 걸 생각하면 새삼스러운 일은 아니다. 때마침 이전에 같은 교회를 다녔던 그녀를 만났다. 몰라볼 만큼 날씬해진 그녀를 담보로 라인댄스의 유혹을 받아들였다. 쓱 둘러보니 몇몇을 뺀 나머지는 나처럼 춤추기에는 영 희망이 없을 몸매들이다. 그러나 우렁우렁 마룻바닥까지 들썩거리는 음악을 따라 그녀들의 현란해진 춤사위를 보는 순간 아, 나는 그만 텔레비전으로 삼빡한 워너원*의 춤을 보는 것으로 만족해야겠구나 했다. 그때였다. 내 속마음을 눈치챈 그녀가 소리쳤다. "이성과 교양을 버리세요!" 그래, 더는 덜어 낼 이성도 교양도 없지만 까짓 나부랭이들일랑은 맷돌에다 콩 갈 듯이 갈아서 짜내어 버리고 도전을 해 봐?

오늘 벌써 두 주째 맨 뒷줄에 서서 왔다리 갔다리 하고 있다.

---

* 아이돌 그룹

그런 날이 있었다

"어머 사모님! 암 걸리셨다더니 아직 안 돌아가셨어요?"

듣도 보도 못한 전무후무할 어법이다. 공간이 가늠되는 병원 승강기 안에서 내가 받은 질문이었다. 입술은 물론 눈길마저 움직일 수가 없어 멍하니, 질문하는 그녀를 바라봤다. 황당하기는 함께 탄 사람들도 마찬가지였을 터. 침묵도 그 공간에서는 소용돌이를 쳤다. 난처함을 무마할 요량인 그녀는, 모 교회의 목사 사모님과 어쩜 그리 닮았느냐며 이말 저말 여러 말을 보탰다. 덤으로 참 좋으신 사모님이라는 말까지 했건만 이미 수습은 불가해 보였고, 삶과 죽음이 갈릴 뻔한 가상의 전장에서 살아남아 전세를 거머쥔 나는, 그녀의 가슴팍에 붙은 '원목실 ○○○.' 이름표를 도도한 표정으로 읽었다.

서른 나이를 너끈히 넘겼던 때였나? 한낮의 은행에서였다. 순서가 한참 뒤인 대기표를 보고는 잡지를 펴 들고 긴 의자에 느긋하게 앉았다. 또래로 보이는 그녀가 바싹 그러나 조심스럽게 다가앉는다. 머뭇머뭇 몸짓이 느껴져 옆으로 고개를 돌리자 그녀가 나지막하지만 확신에 찬 음성으로 말을 건다.

"너무 오랜만이에요. 여기서 만나다니."

"아, 누구신지? 저를 아세요?"

“○○○맞죠? 너무 반가워서 눈물이 나려고 해요.”

“……?”

“그때 ○○년도에 우리 청량리에서 같이 살았는데. 나는 ○○○에요.”

“난 아닌데. 다른 사람인 것 같아요.”

“알아요. 그 일을 숨기고 싶은 마음은 알아요. 저도 지금은 그 일은 안 해요.”

“나 진짜 아니에요. 청량리에 산 적 없어요.”

“이해는 해요. 그래도 그때 우리가 얼마나 서로 의지하고 살았는데…….”

“마음은 알겠는데요. 저는 정말 아닙니다.”

금방이라도 눈에서 눈물이 흐를 것처럼 그녀의 얼굴이 아련해 보였다. 이 느닷없는 상황 앞에서 나 또한 느닷없는 공감으로 차마 그녀를 내칠 수가 없었다. 그 무렵에는 학교를 다니고 있었고, 청량리에는 가 본 적도 없고, 지금껏 죽 부산에서 살았다며 쓸데없이 길게 내 이야기를 했다. 참 얄궂기도 했다. 왜 이런 말을 해야 하는지. 말하는 중간중간 어처구니없어 하면서도 나는 내 이야기가 거짓이 아니라고 믿어주기를 바랐다. 기어이는 주민등록증까지 꺼내 보이면서 이제는 그만 믿어줄까? 애가 달았다.

'이중으로 돌아다니는 자'라는 뜻의 도플갱어doppelgänger는 분신 또는 복제라고 한다. 같은 공간 같은 시간에 자신이 자신의 생령이나 환영을 보거나 느끼는 현상을 일컫는데, 이처럼 또 하나의 영혼이 존재한다는 생각은 고대로부터 죽 있어왔다. 나라와 문화에 따라 그 상징이나 의미가 조금씩 다르긴 하나 대개는 죽음과 관련되어 있었다. 즉 자신의 영혼을 만난다는 것은 죽음이 임박하다는 부정적인 의미였던 것이다. 정신의학에서의 도플갱어는 '자기상 환시autoscopy'라고 하여 정신적, 심리적 항상성homeostasis이 깨어졌을 때 일어나는 일종의 정신적인 질환으로 보기도 한다.

도플갱어는 문학작품이나 영화의 소재가 되기도 한다. 유명한 소설 스티븐슨의 〈지킬박사와 하이드 씨〉는 도플갱어를 변형시켜 엮은 이야기로 '지킬과 하이드 신드롬'이라는 용어가 만들어졌을 정도이다. 또한 오스카 와일드의 소설 〈도리안 그레이의 초상〉을 빠뜨릴 수 없다. 발표 당시 평단으로부터 동성애, 고귀한 인간의 타락 등에 대한 질타를 받기도 했던 이 소설의 결미는 이러하다. "지금까지 아름답고 젊던 도리안은 보기 흉한 늙은이가 되어 있었고 그 옆의 초상화는 젊고 아름다운 도리안의 모습 그대로였다." 두 소설은 인간의 이중성을 그려낸 작품으로 장르문학의 고전으로 남아 있다.

1991년에 개봉한 폴란드 감독 키에슬로프스키의 영화

〈베로니카의 이중생활〉도 도플갱어를 소재로 한 작품이다. 폴란드와 프랑스의 두 베로니카가 서로 다른 공간에서 존재하고 숨 쉬고 있음을 느끼면서도 서로 만질 수도 볼 수도 없는 애매함과 모호함의 명제, 현상 너머의 현상을 그린 영화이다. 나에게는 아름다운 여배우 이렌느 야콥의 몽환적인 모습과 영상만이 희미하게 남아 있을 뿐. 그리하여 꼭 다시 한번 더 보고 싶은 영화이다.

그러나 오늘날의 도플갱어는 원래의 부정적인 의미는 다 제하고 '닮은 사람 또는 닮은 동물이나 식물, 물건 등'을 비유적으로 가볍게 널리 사용하고 있다. 오징어와 한치, 전복과 떡조개, 조기와 부세, 진달래와 철쭉, 벚꽃과 살구꽃, 산수유와 생강나무 꽃, 모란과 작약, 치타와 표범, 고슴도치와 가시두더지, 해달과 수달. 그뿐이 아니다. 누구의 도플갱어는 누구처럼, 사람들 심지어 유명인들까지도 아무런 악의 없이 오히려 호감처럼, 서로 닮았다는 것을 그런 용어로 표현하고 있다.

서너 달 전 한 문학행사에서 만난 선배 수필가의 풍성하고 희끗한 머리 손질은 여전히 고왔다. 얼굴에 무늬 진 옅은 미소와 정갈한 옷차림도 언제나이다. ≪그대의 흰 손≫ 자신의 수필집을 직접 주었던 기억을 갖고 있다.

"저번 정끝별 시인의 강연 때에도 뵈었습니다."

내 인사에 그녀가 답을 했다.

"아, 그때 그분이 나더러 김남조 시인을 닮았다고 했지요."

그녀는 김남조 시인과 닮았다는 말을 소중히 기억하는 듯했다. 그녀는 그러므로 점점 더 그 시인을 닮아 갈 것이다. 자기 암시 효과란 말을 일부러 쓰지 않아도 그리 될 것이다. 그녀의 그런 모습을 보는 것은 그녀의 잘 익은 수필을 읽는 것만큼이나 기분 좋은 일일 것이다.

이왕 닮았다 할 거면 나에게, 암 걸려 죽었을지도 모르는 그 사모님도 말고. 청량리에서 '그일'을 했다는 그녀도 말고. 좀 뻔뻔스럽긴 해도 알퐁스 도데의 소설 〈별〉에 나오는 스테파를 닮았다거나 하다못해, 누군가의 첫사랑이라도 좀 닮았다 말해주든지.

반딧불이를 보았다

은근 거슬렸던, 기독교를 비난하고 이슬람을 찬양하던 안내원의 설명만 빼면 고향 친구들과의 오래 벼르던 짧은 여행지로 말레이시아는 잘한 선택이었다.

천 가지 매력을 지녔다는 나라는 나시르막nasi lemak* 에 홍차를 마시므로 말레이시아계, 중국계, 인도계가 서로의 정체성을 인정하고 다름을 받아들이며 함께 어울린다. 그 한 가지로, 바바뇨냐는 중국과 말레이시아의 혼혈

로서 바바는 남자, 뇨냐는 여자이다. 무슬림 여인들은 꼭 끼는 옷을 입지 못하지만 뇨냐는 화려한 자수의 꼭 끼이는 중국옷을 입을 수 있고, 기름에 튀긴 중국요리에 말레이시아의 향료를 섞은 바바뇨냐의 음식을 먹는 것이다. 할랄 푸드만 먹어야 하는 현지 안내원에게 주전부리 건네는 것을 삼가야 했던 경험도 생경했다.

해상 실크로드의 중심지였던 말라카의 고풍스러움이 여행의 맛을 더했다. 수백 년 전에 말라카 해협에 들어온 상인들과 교역하였다는 곳, 작은 배를 타고 강가에 죽 지어진 붉은 지붕의 옛 건물을 보며 말라카 강을 건넜다.

존커스트리트는 시간여행을 하는 곳이다. 중국, 이슬람, 인도 사원이 지근거리에 모여 있는 곳. 수세기 전부터 중국인들의 거리였다는 그곳의 골동품 가게에서는 명, 청나라만이 아니라 아랍, 포르투갈의 동전까지 볼 수 있으며, 물건을 살 때는 반드시 말레이시아 화폐인 링깃

만을 받았다.

1402년, 네덜란드 건축 기술로 지어진 말라카 그리스도교회는 한 건물에서 동서양을 보는 듯도 하다. 신앙심이 깊은 한 친구는 어느새 교회 안으로 들어가 기도를 했다. 포르투갈이 세운 세인트 폴 교회를, 네덜란드는 귀족들의 공동묘지로 만들었고 영국은 화약고로 사용했다 한다. 지금의 네덜란드 광장[dutch square]은 지난 역사엘랑 아랑곳없이 여기저기 여행객들로 들떠 있고, 광장 한가운데서는 화려한 자수의 중국의상을 입은 여인이 바이올린을 켜고 있었다. 산티아고 요새의 녹슨 대포만이 이 나라들의 전쟁을 기억하고 있을는지. 무심한 우리는 대포 옆에서 사진 찍기에 바빴다.

지난한 침략의 흔적들을 고스란히 간직한 나라. 조지 3세 영국 국왕 이름을 붙였다는 조지타운이 아직도 그때 그 이름 그대로인 나라. 문득 부산의 왜관과 임시수도 정

부청사를 생각한다. 그들은 다 사라지는가. 나의 부산에 대한 첫인상은 낯선 지명의 왜관과, 시내버스를 타고 가다 만났던 붉은 벽돌의 옛 건물에서 받은 경외감이었다. 그때는 법원이었지. 이제는 지역 사학의 사유가 되어 있다.

새삼 반듯하게 보이던 이슬람 양식의 건물들, 난생처음 히잡을 쓰면 어떨까 생뚱맞은 생각이 들게 했으며, 유년에 보았던 반딧불이를 다시 보았던 나라. 그 말레이시아를 떠난 불과 몇 시간 후에 그곳 제2공항에서 일어난 역사적인 사건은 한국에 돌아와서야 알게 되었다. 제2공항이 저가항공기 공항이라 하니 괜스레, 사건의 죽은 인물**이 짜안하다.

---

* 말레이시아의 대표 음식.
** 김정남

세 번째는 아니 만났어야

그 집에 들어서자 마주친 것은 백합같이 시들어가는 아사코의 얼굴이었다.

그리워하는 데도 한 번 만나고는 못 만나게 되기도 하고 일생을 못 잊으면서도 아니 만나고 살기도 한다. 아사코와 나는 세 번 만났다. 세 번째는 아니 만났어야 좋았을 것이다.

—〈인연〉 중에서

그녀는 집 뜰에 모란이 피었다며 문우들을 초대했다.

그녀에게서 모란이 피면 친구들을 불러 파전을 구워준다는 한 시인을 떠올린다. 법정 스님의 잘 물든 단풍 같은 사람을 떠올린다. 어느 날엔가는 붉디붉은 단풍 색깔 블라우스를 입고 왔다. 희끗희끗 숱 많은 머리칼과 조용조용한 목소리를 나는 좋아한다. 적년누월의 응축된 사유를 수필로 풀어낼 때, 나도 어서 나이가 들고 싶다는 생뚱맞은 시샘을 한 적도 있었다.

연전에 연치의 이유로 모란이 피는 그 집을 팔고 이사를 하였는데, 꽃이 피는 이즈음의 한 날에 아른거리는 모란을 찾아 옛집에 가 보았다 한다. 그러나 요염하게 피어 있어야 할 모란은 흔적도 없고, 자식 같았던 나무들까지 베어지고 휑한 터에 상추며 여타 남새들만이 햇볕 아래 무심히 졸고 있었노라고 아쉬움의 소회를 글로 적었다. 그녀는 모란을 보러 아니 갔어야 좋았을 것이다.

혼자된 언니는 강아지와 둘이 살았다. 건강의 이유로

강아지 건사가 부대껴지자 오다가다 알게 된 시장 사람에게 키우게 하였는데, 그날은 별나게 강아지가 어룽거려 그 집을 찾았다 한다. 좁은 마당 한구석에서 목줄에 매여 양재기 밥그릇을 핥던 강아지는 눈가가 짓물러 있었다. 날을 얼마 보내지도 않았건만 너무 변해버린 강아지는 제 처지를 알아 일부러 그랬는지 끝내 옛 주인의 눈물을 외면하더란다. 언니는 강아지를 보러 가지 말았어야 좋았을 것이다.

단지 추억만으로 그리워지는 것들이 있다. 그립지 않은 것은 추억이 아니다. 그리하여 첫사랑을 다시 만나고 싶어 하고, 옛날 교생 선생님을 보고 싶어 하고, 유년에 살던 곳에 가고 싶어 한다. 이 모두는 아니 만나도 좋을 것들이다. 첫사랑은 불룩하게 배를 내밀고는 주식과 부동산을 이야기할 것이고, 〈금발의 제니〉를 불러 주던 옛

날 교생 선생님은 어린 나를 기억도 못 할 것이다. 유년의 뜰에도 유년의 흔적은 없다.

내 유년의 집 앞에 도랑이 있었다. 도랑을 건너는 돌다리도 좋았다. 비 온 뒤 돌다리에 서서 도랑을 내려다보면 흙탕물을 따라 내 몸이 떠내려가는 어지럼증에 소스라치는 날도 있었다. 그 도랑에 우리 집 소가 넘어졌다. 새끼를 밴 소가 발을 헛디딘 것이다. 거꾸로 누운 소가 네 다리를 허우적댔다. 마을 사람들이 옷가지를 벗어 소의 눈을 가렸고 엄마는 치마를 걷어서 내 머리를 덮어 안았다. 엄마 치마폭에 싸여 숨넘어갈 듯 울어댔던 나는 그 도랑도 돌다리도 다시는 볼 수 없다. 콘크리트에 덮여 주차장이 되어버렸다.

너무 멀어 되돌아올 수 없는 곳에 그녀가 있다. 처음에는 예삿일로만 알았다. 그녀의 서운함을 전해 들었을 때도 내심 억울하기만 했다. 토설치 못하는 내 처지가 오히려 불편했을 뿐 다만 여자들의 속내이겠거니 여겼다. 때가 되면 안개처럼 뿌예지리라 안심했다. 그러나 시간으로 누적된 서운함의 버캐가 형질을 바꾸고서야 그 독한 실체를 알았다. 미움, 그것은 특별히 가까운 사이에서만 생기는 변종의 바이러스이다. 백신이 무효하다. 어디 숨을 데도 없다. 한 공간에서 훤히 내다보이는 투명 벽의 견고함은 고문이었다. 나는 그녀와 세 번째 마주 앉았다.

"당신과 있으면 내 인격이 마모되는 것 같아요."

또박또박 그녀의 말에 나는 잠시 까무룩해짐을 느꼈다. 이렇게 잔인하였나. 그건 여느 사람들이 주고받는 말이 아니다. 익히 알던 그녀가 이미 아니었다. 후미진 곳까지도 두량하던 그녀는 간데없다. 나는 그간, 그녀의 인격에 채색이 되어주지 못해 미안했을 기억도, 더러는 그녀의 서운함을 체휼하여 울먹였을 온정도 모두 지우고 싶었다. 굳이 되묻자면 인격이야 숱하게 부대껴서 마모되어야만 홀연히 드러나는 게 아닌가. 관계란 그 드러난 것들의 형상인 것을. 흡사 둘은 서로 마침표 생략한 도돌이표의 악보 같은 것을. 그녀와 세 번째는 아니 만났어야 좋았을 것이다.

이생의 엄연한 인연 하나가 저토록 서릿발 같은 결어로 동여 있다.

3부

콩나물 씻어 봤어요?

그리하여 살다가 한 번쯤은 가던 길을 멈춰 서서. 나 듣고 싶은 것만 듣고, 나 보고 싶은 것만 보고, 내 생각대로만 판단하는 '편견'의 표피에 갇혀 있지는 않는지, 껍질에 싸인 편견으로 매사 허방만 짚으며 사는 것은 아닌지, 행여 새물내 나는 사람을 몰라보고 그냥 지나쳐버리는 건 아닌지.

한참 뒤를 돌아볼 일이다.

콩나물 씻어 봤어요?

영국 작가 제인 오스틴의 소설 〈오만과 편견〉은 그녀의 습작인 〈첫인상〉을 개작하여 새로 제목을 붙였다 한다. 베넷 가의 작은딸 엘리자베스는 젊은 신사 다아 씨의 첫인상을 보고는 신분만 내세우는 오만한 남자라고 생각한다. 다아 씨는 지적이고 총명한 엘리자베스를 사랑하지만 그녀의 편견은 오히려 그에게 반감만을 가진다. 물론 소설의 결말은 두 사람이 사랑을 맺는 것으로 끝나지만, 소설의 주제는 한 사람에게 이미 학습된 편견이 다른 사람을 평가하는 데 얼마나 걸림돌이 되는가, 편견이 무너져야만 진정한 인간관계가 이루어진다는 것에 있다.

교회에서 성가대 활동을 하던 때이니 오래전 젊은 날의 이야기이다. 한 날에 성가대원들의 파티를 위해 주방 일을 거들었다. 누군가 나에게 콩나물 씻는 것을 맡겼다. 서너 번이면 엔간하게 씻었다 하고는 소쿠리에다 콩나물을 건져서 물 빠지기를 기다렸다. 그때였다. 아까부터 옆에서 지켜보던 그녀가 단번에 콩나물 소쿠리를 통에다 엎으며 말했다.

"한 번 더 씻으세요."

나는 아무 말 없이 콩나물 더미 위로 물을 받았다. 그녀가 물었다.

"콩나물 씻어 봤어요?"

나는 짐짓 공손한 말로 대답했다.

"대한민국 아줌마치고 콩나물 한 번 안 씻어 본 사람 있겠어요?"

남편이 신호대기 중이던 트럭과 추돌 사고를 냈던, 역시 오래전 젊은 날의 이야기이다. 트럭에서 내린 기사는 길 한가운데서 남편에게 삿대질을 하며 소리쳤다. 그때는 그런 때였다. 지닌 돈으로는 트럭 기사가 요구하는 변상 금액을 줄 수가 없었다. 남편은 송금을 약속하며 명함을 내밀었다. 명함을 받은 트럭기사가 남편의 아래위를 훑어보고는 영 미심쩍다는 억양으로 물었다.

"이거 아저씨 명함 맞아요?"

때마침 개인택시 영업을 하는 지인*이 실랑이하는 우리를 보고는 다가왔다. 상황을 안 지인은 트럭 기사에게 개인택시의 번호판을 가리키며 그가 보증이 되겠다고 했다. 그뿐 아니다. 변상 금액까지 협상해 주고 갔다.

젊은 날의 나는 타인들에게 어떤 첫인상으로 어떤 편견을 갖게 하였을까? 콩나물 씻는 것조차도 미덥지 않을 생 날라리 인상이었던가? 그러고 보면 요새도 종종 교회 주방 일을 도울 때 '생전 일을 안 해 봤을 것 같은데 보기보다 잘하네?'라는 말을 듣곤 한다.

손톱에 관한 이런저런 군말도 나를 보는 타인의 편견이다. 손가락 끄트머리가 나오도록 바투 깎고 매니큐어를 바르지 않은 내 손톱을 보고는 의외라는 것이다. '깔롱지기는** 데 비하면 뜻밖에 손톱은 수수하네.' 그때는 그리 들렸다.

버리지 못하는 까탈스러움 때문이다. 손톱이 조금만 길어도, 매니큐어를 바르는 것도, 반지까지도 모두 다 손끝의 감각을 무디게 해서 바쁜 손을 더디게 하고 성가셔

하는 나의 까탈스러움이 그들 편견에 한몫을 했던 것이다.

트럭 기사의 편견에는 소형 자동차에서 내린 허름한 차림의 그저 그런 남자에게 '교수'라 적힌 명함이 가당치 않았는지.

그리하여 살다가 한 번쯤은 가던 길을 멈춰 서서. 나 듣고 싶은 것만 듣고, 나 보고 싶은 것만 보고, 내 생각대로만 판단하는 '편견'의 표피에 갇혀 있지는 않는지, 껍질에 싸인 편견으로 매사 허방만 짚으며 사는 것은 아닌지, 행여 새물내 나는 사람을 몰라보고 그냥 지나쳐버리는 건 아닌지.

한참 뒤를 돌아볼 일이다.

---

* 최근에 지인과 차를 마시며 그때를 추억했다.
** 멋내다

모든 날이 눈부시다

어쩌다 보니 적나라한 맨몸 이야기를 하게 되었다.

굳이 두껍고 무거운 서적에서 관음증이니 노출증이니 어려운 정신의학 이론을 들추지 않더라도, 사람이 사람의 맨몸을 보거나 보여주는 것이 아무나 어디서나 예사로 하는 일은 아니다.

느지막한 나이에 부인과에 들락거리는 처지가 되었다. 썩 개운한 경험은 아니다. 하다못해 노상 드러내고 다니는 눈도 안과에서 진료를 위해 보일 때는 느낌이 달라지는데 하물며 부인과는 영. 문득 내가 알지 못하는 어느 날에 이런 후터분한 것들은 싹 무시된 채 내 몸을 누군가에게 온전히 맡겨야 할 때가 올까 두렵다.

요양병원의 시어머니 맞은편 침상의 할머니에게 개인 간병인이 있었다. 그녀는 우리가 보는 데서 할머니를 홀딱 벗겨놓고 물수건으로 닦았다. 앙상한 몸통과 팔다리가 간병인의 손놀림에 따라 아무 저항 없이 보기에도 민망스러운 자세로 움직였다. 할머니의 딸들은 따로 간병인을 둠으로 다만 효도했다 하였으리라. 전에도 여자였고 지금도 엄연하게 여자인 할머니의 부끄러움과 자존심에 대한 배려는 싹 빼버리고 오로지 자신의 성실만을 인정받고자 했던, 함께 여자인 그 간병인도, 두 눈을 꼭 감은 할머니의 모습도 내 기억에서 슬프다.

라스베이거스에서의 에피소드이다. 남자 누드쇼를 볼

까? 여자 누드쇼를 볼까? 누군가의 제의에 분분했다. 여자 누드는 목욕탕에 가면 보는데 남자 누드쇼를 보자. 무슨 소리! 남자 누드는 밤마다 보는데 여자 누드쇼를 봐야지. 행선行先 없는 한바탕 젊은 웃음소리가 휘황한 라스베이거스 밤거리의 음악에 웃돌아 섞였다.

요양병원에서 실습 중인 학생이 심각하게 하소연했다.

"원장님, 할아버지가 자꾸 고추를 긁어 달라고 해요."

신규간호사 시절의 후배는 여의치 않았던 응급상황에서 오더리orderly 대신에 남자환자의 소변줄을 삽입하다가 소리를 질렀다.

"아저씨! 왜 갑자기 커집니까?"

정황을 들은 우리는 웃다가 운다는 사실을 생생하게 체험했다.

대학시절의 수술참관 실습이야기이다. 수술명 'AP resection'은 직장암의 환부를 잘라내고 인공항문을 복부로 내는 수술이다. 전날에 질병과 수술과정에 대하여 사전강의를 들은 우리는 수술 시 환자의 체위 때문에 밤새 걱정했다. 환자는 성인남자였다. 어쩌나! 처음 보는데.

수술 날이었다. 준비가 끝났다고 수간호사가 우리를 불러들였다. 난생처음 수술복을 입고 마스크로 얼굴을 가린 우리는 지시해 준 자리에 바싹 얼어붙은 채 눈앞의 광경을 보았다. 어떻게 보나? 밤새 걱정했던 그곳은 하얀 거즈에 말린 채였고 무심한 반창고가 둘레를 가로질러 단단히 봉하고 있었다. 기숙사로 돌아온 우리는 웃기 시작했다. 한 친구는 웃다가 벽에 머리를 부딪고, 한 친구는 몸을 가누느라 침대 난간을 붙들고 웃어댔다. "어머나! 못 봐서 실망했어!" 한 친구의 비명에 까르르했고, "그거 너무 불쌍해." 한 친구의 난데없음에 모두 다 나자빠졌다.

여학교 때의 일이다. 신입생만 신체검사를 했다. 교의

校醫는 늙수그레한 남자였다. 우리는 속옷 상의를 벗고 겉옷만 입은 채 양호실 앞 복도에서 차례를 기다렸다. 양호실 문은 열려 있었다. 또래보다 가슴이 컸던 한 친구가 교복 앞섶을 손으로 움켜쥔 채 엉엉 울었다. 양호교사가 막무가내로 그 친구의 손을 떼어내고 진찰을 받게 했다. 그 모든 것이 열일곱 살들에게는 충격이었다. '적폐'라는 말을 그때 알았다면 그건 명백한 적폐였다.

어느 조사에서 성형수술 후 가장 만족도가 높은 것이 의외로 가슴축소수술이라고 한다. 가슴을 크게 보이기 위해 보형물을 넣는 여성에게는 당치않을지 모르나 나는 동감한다. 임신을 확인했을 때도 가슴이 커질까를 먼저 염려했었으니까.

초등학교 때 잠시 기계체조를 했다. 달리 재주가 있어서가 아니라 담임 선생님이 예쁘다고 그냥 시켰었다. 그네가 있는 모래밭에서 죽 그어진 금을 따라 양팔을 옆으로 펴고는 고개와 발꿈치를 바짝 들고 걷던 일이 지금도 그립다. 뜻밖의 이유로 기계체조를 그만두게 되었다. 젖몽우리가 생겼기 때문이다. 그때는 그랬다. 엄마는 하얀 옥양목을 마름하고 손으로 가장자리를 박음질해서 치마말을 만들어 주었다. 그것으로 그만 가슴을 납작하게 눌러버렸다.

늙어서 편안하다* 말하고 떠난 소설가를 생각한다. 나이 들어서 편안하다. 맨몸 이야기도 이리 편안하니 참 좋다. 지나간 모든 날들이 다 눈부시기만 하다.

---

* 박경리 시 〈옛날의 그 집〉

정처 없이 걷다

고을에 노래자랑이 있던 날은 일찌감치 저녁상을 물린 사람들이 마을의 공터나 운동장으로 모여들었다. 무대 앞으로 적당한 간격을 두고 작대기로 죽 그어진 금을 따라 이 동네 저 동네 조무래기들은 맨땅바닥에 퍼질러 앉는다. 무대 중앙에 떡하니 놓인 상품들. 밥솥, 다라이, 주걱, 국자, 세숫대야……. 등은 하물며 어린 우리까지도 설레게 했다.

오늘도 걷는다마는 정처 없는 이 발길
지나온 자욱마다 눈물 고였네
선창가 고동소리 옛님이 그리워도
나그네 흐를 길은 한이 없어라

〈나그네 설움〉은 노래자랑의 단골 레퍼토리였다. 정처 없이는 도무지 걸어 봤을 것 같지 않은 팔팔한 나이의 출연자도 아코디언 반주에 맞추어서 구성지게 불러댔다. 하도 들었던 탓에 따로 곡조를 배우거나 가사를 외우지 않아도 어디서든 운만 띄우면 입에서 툭 튀어나올 노래이다. 늦은 저녁, 한잔 술에 기분 좋게 취한 동네 아재들, 오빠들까지도 이 노래를 부르면서 귀가했다. 어쩌면 이 구슬픈 단조에는 고달픈 시대를 살아 낸 우리 민족의 태생적인 설움이 배어 있는지 모른다. 이것이 오늘날까지 세대를 막론하고 트로트가 낯설지 않은 이유가 되는지도.

돌아보면 나에게도 정처 없이 걸었던 삶의 한순간들이

있었다. 그러고 보면 그러려니 하고 써 온 말 '정처定處 없이'는 어디라 딱히 정한 곳이 없다는 서러운 말이기도 하다.

초등학교 때였다. 수업시간에 만화책을 보다가 세게 꾸지람을 들었다. 누구에게 꾸지람 들은 적이 없다고 여겼던 나는 자존심이 몹시 상했다. 친구들과 떨어져 혼자 가고 싶었다. 징검다리 하나에 두 발을 디뎌서 내를 건너며 친구들을 저만치 앞세워 보냈다. 등하굣길에도 혼자서는 가지 않는 방죽을 걸었다. 방죽의 가운뎃길과 아랫길로만 다녔던 나는 윗길이 궁금했다. 여름이면 사람이 빠져 죽는다는 무서운 저수지가 그 너머에 있다. 처음으로 윗길에 올랐다. 그때까지 나는 그렇게 큰 저수지를 본 적도 그렇게 많은 물을 본 적도 없었다. 세상이 다 물 같았다. 무섬증이 온몸을 휘감았다. 심장을 쿵쿵거리며 방죽을 내려왔다. 집에 다 왔을 때 그제야 울음을 참느라 악물었던 턱이 아프기 시작했다.

대학 등록을 기다리던 날에도 정처 없이 신작로를 걸었다. 몇 대의 버스가 먼지를 일으키며 무심히 지나갔다. 평당 마을을 거쳐서 구곡, 양포를 지날 즈음이었다. 환영처럼 영화처럼 저쪽에서 자전거를 타고 오는 큰오빠를 만났다. 큰오빠 뒤로 푸르고 키 큰 버드나무가 길게 두 줄로 서 있다. 신작로 한가운데서 큰오빠가 말을 걸었다.

“입학금 내러 언제 올라가노?”

그 남자와 헤어지던 날, 차를 마시고 밖으로 나와 잘 가라 인사하고는 돌아섰다. 달리 방향을 정하거나 틀 여지도 없었다. 정처 없이 걸었다. 그 남자와 헤어진 곳이 어디였는지, 왜 그 길을 걷는지, 영주동 산복도로를 걷고 있었다. 낯선 길임을 알아차렸어도 어찌할 수가 없었던 그 시절의 도로와 교통 때문에 기숙사까지 내처 걸었다. 더운 물에 부은 발을 담그고는 한참을 앉아 있었다. 지금은 자동차로 가끔 그 길을 가 본다.

이제 그만 집을 나와야겠다며 출근길에 속옷가지를 챙겨 나섰다. 혼자 사는 친구에게 가리라 했지만, 막상 퇴근을 하니 갈 곳이 없었다. 정처 없이 걸었다. 해안 길을 걸을 때는 걷다가 뒤돌아 걷다가 했다. 배 속의 아이가 잠을 깨었는지 허기가 졌다. 이슥한 시간이 되어서야 집으로 갔지만 아무도 나의 늦은 귀가를 괘념치 않았다.

이십 년 가까이 동행한 지기를 떠나보내는 날도 그러했다. 학원을 경영하는 동안 어떤 사건과 대면하여도 넉넉한 속짐작으로 나를 헤아려 돕던 '은희 선생님'이다. 더러는 일을 핑계한 나의 모지락스러움에 마음을 다칠 만도 하건만 그 여낙낙한 성품으로 도리어 나를 무안하게 만들었고, 두서없는 나의 토정吐情을 동요 없이 들어주었던, 그런 지기와 헤어지고는 바장이는 상실감을 누를까 정처 없이 또 걷는다. 천천한 걸음에도 어이 허청허청하여 가던 길을 멈추어도 본다.

신神도 인생을 잠시 나그넷길이라 이른다. 그렇듯 한 생을 산다는 것은 다만 나그네로 정처 없이 길을 걷는 것이리라. 지나온 자국마다 고인 것이 어찌 눈물뿐이겠는가. 뒤돌아 보수할 수도 없는 삶의 궤적들. 옛 임 아니라도 무릇 그리운 것들. 아무렴 나그네 흐를 길은 한이 없는 것이다. 여하하든지 간에 뭇 인생들의 궁극의 정처, 그곳에 당도할 때까지는.

방관

초등학교 동창들의 카톡방이 하 수상하다.

두엇을 빼고는 얼굴을 떠올릴 수 없는 이름들이 한 사건을 두고 쑤석거린다. 지금껏 읽듯 만 듯 건듯 해왔던 단체 카톡 글에 나도 모르게 바짝 눈이 갔다. 쑤석거리는 내용으로 보아 돈 관련으로, 사건에 지목된 한 이름은 자신의 억울함을 장문으로 호소하고, 다수의 이름은 그 호소가 영 시쁘지 않다며 이악스럽게 내친다. 피차 어금버

금한 말들이 여간해서는 끝날 것 같지가 않다. 한 이름은 저토록 애가 타는데 다른 이름들은 이토록 당당하다. 그들 어떤 이름들도 나에게는 모도록 함께 자란 들풀만 같아서 아프다. 나 이외에도 무려 백 여남은 동창들이 동시에 카톡을 보고 있을 것이며, 나와는 달리 사건의 진위를 잘 아는 동창도 있을 것이나, 쑤석거림의 기세가 워낙 사나워서인지 아무도 섣불리 답글을 달거나 조정을 위해 나서지 않는다. 박사博士 이름이 한마디 나섰다가 알지도 못하면서 잘난 척하지 말라는 된서리를 맞았기 때문이다. 동창회의 온갖 구듭을 군소리 없이 쳐 왔는데 이럴 수가 있느냐는 한 이름의 호소가 짠하다. 사태가 이리되도록 뒷갈망도 없고 질정할 여력도 없는 동창회의 우두머리를 속으로만 마구 탓할 뿐, 나 또한 어설픈 주변인이 되어 방관하고 있다.

나를 바라보는 그 아이의 눈빛은 절박했다.

그 아이의 결백을 믿어 줄 한 사람으로 도움을 청하는 눈빛이었다. 반 아이들의 확신에 찬 아우성에 나는 어정쩡 그 절박한 눈을 방관했다. 시골 학교 반장의 딜레마였다. 아이들의 가방에서 막대사탕을 사 먹을 돈이나 학급비를 낼 돈이 자주 없어진 사건이었다. 그 일 이후 그 아이는 학교에 나오지 않았다. 담임선생님의 부탁이 있었는지는 기억에 없지만 반 아이 한 명과 함께 그 아이의 집을 물어 찾았다. 시골집이나 한눈에도 빈한해 보였다. 집은 비어 있었고 그 아이를 만나지 못했다. 동네가 참 아름답구나. 그 와중에 그런 생각을 했던 것 같다. 영숙이, 졸업 앨범에 없는 그 아이의 이름이 소녀적 내 가슴의 낙인이다.

나를 바라보는 그녀의 눈빛도 절박했다.

도난 사건에 내 학생인 그녀가 의심된다는 실습병원 부서장의 연락을 받은 나는 쿵 심장이 울렸다. 내가 갈 때까지 누구도 그녀를 다그치지 말도록 엄명했다. 부서장실에 오도카니 앉아 있는 그녀를 밖으로 데리고 나왔다. 근처 카페에 마주앉아 거듭 그녀의 진실을 확인했다.

"맹세코 저는 아니에요."

그녀는 거듭 결백을 호소했다. 나는 그녀의 말간 눈빛을 방관할 수가 없었다.

"그럼 경찰에 의뢰해도 되겠습니까?"

병원 관계자는 조심스럽게 그러나 결연하게 물었다. 그새 달려온 경찰차를 탔다. 그녀의 손을 잡은 내가 더 떨렸다. 그녀가 안으로 들어가자 강력계라 팻말이 붙은 철문이 내 앞에서 꽝 닫혔다. 아랑곳없이 편안한 표정의 경찰은 얼어있는 나를 달랬다.

"선생님은 가르치는 게 일이지만 우리는 이런 일을 조

사하는 게 일입니다."

채 10분이나 되었을까?

"자백했습니다."

철문이 열리고 얼굴만 내민 경찰이 무심한 억양으로 알렸다. 으스스 난데없는 한기를 느낀 나는 그녀를 두어 둔 채 혼자 돌아왔다. 그 며칠 후, 절절한 용서의 편지를 들고 온 그녀를 나는 끝내 마주하지 못했다.

긴 여름 끝, 한줄금 내리는 비가 가을을 연다. 꾸무룩한 날씨는 커피 맛을 돋운다. 낮게 퍼지는 커피 향이 짙다. 등받이 없는 나무의자에 앉아 커피잔을 든 나머지 한 손으로는 식탁에 엎힌 핸드폰을 뒤적거린다. 한 달여간을 쑤석거렸던 카톡방이 잠잠하다. 그렇더라도 마녀사냥으로 화살받이가 된 한 이름은 편안해질는지. 그런 날이 오기나 할는지. 한 이름의 낙인이 마냥 남 일 같지가 않아서 아릿아릿 아리다. 그리고 한 드라마*의 대사를 생각한다.

"그들도 처음부터 널 싫어한 건 아닐 거야. 좋을 때도 있고 고마울 때도 있었겠지. 그러다가 네가 안 좋아지는 상황이 되면서 자기도 싫었다고 마음을 정한 거야. 방관해 버림으로 아무것도 안 할 핑계를 만든 거지. 그래야 마음이 편하니까. 다수의 관계는 그렇게 흘러가는 거야."

그래, 한 이름의 친구야, 하마 영혼까지도 쓰리고 아리겠지만 어떡하겠니? 다수의 관계는 그렇게 흘러가는 거라네. 그러니 다 그냥 사람인 게지.

---

* 〈굿 와이프〉

미망

커피잔을 잃어버렸다.

가끔, 머릿속의 세포 배열이 헝클어진 듯 아주 작은 기억들이 제 회로를 찾지 못하고 엉망으로 뒤섞였다가는 이내 멍해져 버리고, 일상의 사소한 습관까지도 갈피를 잡지 못하고 미망迷妄에 빠지는, 딱 오늘 같은 날에는 명의의 처방처럼, 익숙한 원두커피 대신 카페라테를 마신다.

두 잔이나 될 넉넉한 양의 인스턴트커피 가루에 듬뿍, 그만한 양의 설탕을 넣고는 끓인 물을 아주 조금, 빠듯이 커피가 녹을 만큼만 부은 뒤 우유를 섞어 양을 조절하고 다시 전자레인지에 데운다. 뜨겁고 진하고 달콤한 수제 카페라테이다. 한 모금씩의 카페라테는 혀끝을 적시고 입안에 머물다가 천천히 목을 타고 넘는다. 흡사 조영제처럼 섬세하게, 헝클어진 머릿속을 뚫고는 미망에 갇힌 기억과 습관들을 불러내어 가지런히 정렬시키는 것이다.

잃어버린 커피잔 찾기는 쉽지 않았다. 방방마다는 물론 화장실까지 살폈다. 그새 다 마셨나? 싱크대를 보니 물을 반이나 담은 컵이 두어 개 있기는 하다만 어느 컵이었는지. 혹 입안에 남아 있을 커피의 잔향이라도 다셔보지만 아무래도 마신 것 같지는 않다. 이번에는 책꽂이와 창틀까지 샅샅이 훑었다. 도무지 흔적이 없다.

며칠 전의 일이다. 지난해, 신영복 교수의 부음을 읽고

서점에 들러 그의 마지막 저서가 된 ≪담론≫을 사고는, 차일피일 미루다가 해가 바뀌도록 여태껏 읽지 않은 게으름을 탓하며 꺼내어 들었다. 그런데 책에는 군데군데 밑줄이 그어져 있는 것이다. 앞부분을 읽다 그만두었으려니 했다. 얼마를 더 읽던 나는 기어이 맨 뒷부분까지 뒤적일 수밖에 없었는데, 마지막 장인 '석과불식'까지 처음처럼 꼭 그렇게 꼼꼼하게 밑줄이 쳐져 있는 것이다. 그때까지도 나는 아무런 기억이 없었다. 내용이 아니라 책을 읽었는지의 기억조차도 말이다.

뎅겅, 뭉텅, 툭, 꽃 모가지가 통째로 떨어지는 소리가 들린다는 나이이다. 속절없는 낙화를 서러워할 겨를도 없다. 그만 잊히면 좋을 아득한 일들은 어제처럼 또렷해서 내내 마음을 성가시게 하는 나이. 명료해야 할 어제 일은 십 년이나 전처럼 아득해져서 놀라 돋보기라도 껴야지 하고는 허둥대다가도, 막상 끼고 나면 무엇 때문이었는지를 몰라 혼자 아연해지는 나이. 금세 들은 이야기는 고개 한 번 주억거리면 까먹고 아닌 척 겉만 멀쩡한 나이. 여북하면 어제 봤던 영화 제목이 기억나지 않을까.

또한 그리고, 미망의 노인 보기를 여느 세대보다 더 힘들어 하는 나이이다. 요양병원에서 일하는 친구는 다른 어떤 상황보다 미망에 빠져 허우적대는 어르신들 보기가 힘들다 했다. 양치하는 법을 잊은 이는 매번 치약을 먹어버리고, 식사법을 잊은 이는 밥과 반찬을 함께 먹는 것이 아니라 차례대로, 밥을 다 먹고는 국, 국을 다 먹고는 반찬 한 가지씩, 간장까지 따로 먹는다 했다. 정작 혼자서는 아무 몸단장도 못 하면서 한 보따리의 물색 고운 옷들을 움켜쥐고 있는 이를 보면, 캄캄한 미망으로부터 건져내 주지 못하는 의료인으로서의 자괴감은 제쳐두고, 그저 자신의 나중 모습이 환영으로 보인 듯 몸서리를 친다

했다.

시어머니는 막내시누이에게 두루 뒷정리를 당부하고는 요양병원으로 생의 마지막 거처를 옮기셨다. 고마운 사람들을 일일이 챙기고, 당신의 마지막 당부를 맡은 막내딸에게까지 인사하기를 잊지 않으셨다. 자신의 연명을 위해서는 하다못해 링거 한 방울까지도 미안해했고, 지극히 명료한 의식으로 '모든 것이 다 감사했다.' 한마디 하셨다. 찡하니 목울대가 떨리는 전별이었다. 드러내어 표절하고 싶은 전별이었다.

내 몸의 운명이야 때가 되면 내 의지로 결정하기 나름이다. 퍽 조심스러운 전망이지만 때가 되면 법적으로도 의학적으로도 도와 줄 것이다. 삶과 죽음에 대한 저마다의 태도는 관습이나 종교, 부富 등 여럿의 변수에 따를 것이나, 지금 내가 처한 이 자리와 이 시간의 내 가치관으로는 아무렴 그리될 것이다.

내 마음의 외로움이야 어디 벗하기 나름이다. 이사 갈 기미 없는 이웃으로 삼고는 가슴 한편에 지은 집으로 초대한다. 비켜 가버린 꿈들을 불러 모으고, 흘러간 인연들을 손짓하여 불러서 함께 둘러앉아 더운 차를 마신다. 그리운 것은 그리운 대로 허전한 것은 허전한 대로 두어두고, 시선도 굴레도 시간도 무한 자유로울 나의 외로움, 나의 벗. 그러나 미망은 진정 두렵다. 팽하니 돌아앉고만 싶다.

오전 나절에 잃어버린 커피잔은 저녁나절, 전자레인지 안에서 찾았다.

다행이다.

아직은.

가출

가출이다.

해까닥 머리가 돈다는 말이 이럴 때를 이름인가. 막 집에 들어선 그 차림으로 바닥에 내려놓은 가방을 들고 밖으로 나왔다. 어디로 갈 것이라 생각도 안 했지만 아무데도, 정말 아무 데도 갈 데가 없었다. 지하철 마지막 역까지 갔다가 왔다가 했다. 밤이 깊었다. 기껏 집 근처 여관에 들었다. 무섬도 사라졌다. 아무래도 화장실이 께름

칙했다. 와중에도 변기와 욕조를 닦았다. 심신이 하도 곤하니 낯가림도 없이 쉬 잠이 들었다.

너무 이르지 않도록 가늠하여 출근했고 뻔뻔한 얼굴로 마지막 수업까지 마쳤다. 마침 큰아이의 영어 수업이 있는 날이었다. 어학원으로 가서 끝날 때를 기다렸다. 나를 발견한 큰아이는 좋아서 어쩔 줄을 몰라 했다. 근처 백화점에서 아이스크림을 사 먹고는 함께 집으로 왔다. 작은 아이가 고함을 지르며 달려와 안겼다.

"어서 와, 밥해 놨다."

그는 마치 내가 올 때를 맞춘 듯이 식탁을 차렸고 밥그릇 가득 밥 냄새는 뜻밖으로 편안했다. 그날도 그 이후로도 그 일에 대하여 그 어떤 말도 그는 안 했다. 작은아이가 밤늦도록 찰싹 붙어 떨어지지를 않았다.

"엄마, 보고 싶었어. 다시는 집 나가지 마."

"응, 엄마 미안해."

"선생님한테 우리 엄마가 집을 나갔다고 말했어."

"그래? 선생님 뭐라시던?"

"엄마 들어오실 거라고 걱정하지 말라고 하셨어. 또 피아노 선생님한테도 말했어"

"뭐라고? 혹시 종화 아줌마한테도 말했니?"

"아니, 아줌마 못 만나서 말 안 했어."

나는 가끔 가출한다.

끝 간 데 없이 가파르던 일상이 기어이는 벽이 되어 틈도 없이 조여 올 때 탈출처럼 나는 가출한다. 나를 에워싼 무정無情한 숱한 그대들 앞에서 더는 번장댈 수 없을 때 도망하듯 가출한다. 모국어가 분명함에도 도통 무슨 말인지, 듣다가 참다가 숨이 가빠질 때 산소를 갈망하듯 가출한다. 한밤중 깨어서 글을 다듬다가 미느냐[推] 두드리느냐[敲] 골똘할 때 한유韓愈의 행차를 마중하듯 가출한다. 그해도 꽃은 피어 그 꽃 진 자리를 보다가 꽃핀 날로 회귀하듯 가출한다. 거울 속 도무지 낯선 얼굴이 짠할 때 울음 울듯 가출한다. 마디 굵은 손을 쓰다듬다 감추다 더 둘 데 없어 가방을 꾸린다. 살다가 문득, '그날' 저녁 그가 차린 밥상에 의혹이 들 때 나는 또 바삐 가출한다.

나의 가출은 나의 산업이며 나의 생산이다.

보듬음, 쓰다듬음, 다독거림, 추어올림, 내려놓음, 돌아봄, 참아줌, 기다려줌 그리고 쉼의 가출이다. 이 엄청난 products를 위해 나는, 나의 깜냥을 다하여 투자한다. 예전 그 돌발의 값싼 가출은 이미 오래전 떠나보냈다. 대신에 고가高價의 한정품 가출을 택했다. 그 상당한 가출 비용을 위하여 꾸준하고 성숙하게 격조 있는 삶을 산다. 내게는 모피 코트는 물론 L 가방이나 C 가방도 없다. 이삿짐을 나르는 짐꾼들까지 군말을 보태던 장롱을 삼십 년이 넘도록 버리지 못한다. 신혼 시절의 나무 식탁은 나의 창작 테이블로 신분이 바뀌었다. 그 테이블에서 가난한 대학생 때 삼천 원이나 주고 산 구제품 스웨터를 걸치고 글을 쓴다. 시어머니의 풍년 압력솥은 아직도 갈비찜 솜씨가 일품이다.

그러고 보니 열흘의 가출에서 귀가한 지가 겨우 한 주째다. 지중해 북쪽 아드리아 해의 성벽을 따라 걸었던 다리의 통증이 하무뭇하다.

"거기 나와 동행할 누구 없수?"

50kg

오래되어 제목도 배우도 기억나지 않는 흑백영화의 내용이다.

통독 이전의 베를린이 배경이었다. 서베를린의 그는 동베를린을 왔다 갔다 한다. 매번 삼엄한 검색 절차를 거쳐야만 했다. 그의 가방은 언제나 두껍고 무거운 전문서적들로 가득 차 있다. 그녀가 동베를린에 있다. 아름답고 지적인 그녀의 몸무게는 50kg이다.

어느 때부터 검색원들이 그를 그냥 통과시켰다. '오늘도 교수님의 가방에는 책뿐이죠.' 그 순간 그는 그녀를 서베를린으로 데려 올 것을 결심한다. 50kg의 돌들을 가방에 넣어서 한 손으로 거뜬히 들어 얹는 연습을 한다. 혹독한 훈련이었다. 그러는 동안 그의 가방은 조금 더 커지고 책의 부피는 많아졌다.

그는 책 대신 그녀가 들어 있는 가방을 검색대에 올렸다. 가방을 열지 않는 그들에게 고맙다 인사한다. 짐칸에 놓인 가방에 온통 신경이 쓰인다. 무사히 집에 도착한 그는 가방을 열어 속옷 차림으로 웅크려 있는 그녀를 온몸으로 끌어안았다.

50kg이 되었을 때 알았어야만 했다.

십진법에 정형화된 의식 속에서 그것은 모든 것의 절반이며 나머지 반의 시작이었다는 것을. 잠시 앉아 쉴 그

루터기이며 느슨해진 신발 끈을 고쳐 매는 시간이었던 것을. 그것은 삶의 측량기이며 남은 인생의 계량기이며 행복을 다는 저울이며 내 언어의 눈금자인 것을. 또한 내 사유의 험난하고 쓸쓸한 시작인 것을. 삶이란 먼 외출을 나서듯 잘 차려입을 수만은 없다는 것을. 가까이 있는 것들이 다 가까운 것도, 편안한 것도 아니라는 것을 그때 알았어야 했다. 모든 음계의 '도'는 멀리 있는 '미'와 '솔'과는 완벽하게 편안하건만 가까이 있는 '레'와는 늘 석연찮다는 것을. 그럼에도 가까이 있어야 하는 '도'와 '레'의 운명까지.

50kg이 아직도 저만큼인 그런 날들이 있었다.

모든 꿈들은 그만큼의 공간에서 청정한 개울처럼 찰랑거렸다. 하늘은 다 코발트색이었고 오월은 언제까지나 연푸름이었다. 낙엽 타는 냄새는 다 갓 볶은 진한 커피 냄새*인 줄만 알았다. 나무는 다 주어진 분수에 만족할

줄 알며 득박得薄과 불만족을 말하지 않는** 줄로만 알았다.

50kg에 가까울수록 낙엽 타는 연기에 콜록거렸고, 나무들의 질긴 맹아력에 늘 기가 눌렸다.

시나브로 50kg과 이별하고 있다. 물빛 개울의 찰랑거림은 이미 멈추었고, 코발트의 하늘은 자주 흐렸으며 연푸른 오월마다 뜬금없는 갈증에 시달려야만 했다.

마지막 비행기가 도착한 공항은 어둑하고 낯설었다. 공항버스도 끊겼단다. 이런 시간에 먼 거리 택시 타기를 뜨악하게 여겼던 것은 한낱 쓸데없는 기우였다. 어느새 집 앞에 서게 되었고 편안한 마음으로 대문을 연다. 거기, 바쁘다던 그가 편안하게 있다.

눈보라라도 마주 한 듯 일순간 '화이트 아웃white out'이다. 눈앞이 하얘지는 시야 상실 같은 것. 눈을 비볐다.

눈을 떴다. 원근감이 사라졌다. 익숙한 물체도 기억도 현상도. 인생에서 이런 경험을 할 때는 어떻게 하라고 배웠던가. 살 날보다 산 날이 많건만 학습은 여태까지도 시행착오를 일으킨다. 이럴 땐 잠시 하던 행동을 멈추라고 했던가. 별수 없이 버퍼링이다.

---

* 이효석 〈낙엽을 태우면서〉
** 이양하 〈나무〉

결혼도 때로는 외로운 것이다

최근에 미혼 대상의 한 조사에 의하면 응답자의 50%만이 '반드시 결혼해야 한다.'에 답했다 한다. 삼십여 년 전 그해의 나는, 결혼과 해외 취업 중 결혼을 선택했다.

서랍 속 잡동사니 사이에 교회의 오래된 청년회보 한 부가 끼어있다. 거기 내가 쓴 글이 있어 따로 두었던 모양이다. 결혼에 대하여 청년에게 쓴 글이다. 마흔의 나이 때에 쓴 것으로 추정되는, 결혼에 대한 젊은 날의 갈등과

방황을, 몇몇 친구들의 예를 들어가며 적었는데 지금 읽어도 문맥이 제법 정교하고 은근한 설득력이 있다.

행여 가풀막진 인생에도 함께 손잡아 걸어 줄 사람이 있다는 건 얼마나 다행한 일인가. 오직 '믿지 않는 자와 멍에를 같이하지 말라.'라는 성경 말씀만을 따라 겁먹으며 선택한 결혼이었지만 이 글을 쓰는 순간 새삼 잘하였다 여긴다. 그러니 기꺼이 멍에를 함께할 그런 사람이 되고 그런 사람을 만나기를 바란다는 결미였다.

다 읽고는 시인 정호승의 시를 나지막이 읊조렸다.

> 만남에 대하여 진정으로 기도해 온 사람과 결혼하라
> 가끔 나무를 껴안고 나무가 되는 사람과 결혼하라
> 밤이 오면 땅의 벌레 소리에 귀 기울일 줄 아는 사람과 결혼하라
> 결혼도 때로는 외로운 것이다

"인간의 행복 중 4분의 3은 결혼이 만들어주고 나머지 생활은 겨우 4분의 1이다."

세계적인 문호 도스토옙스키가 남긴 말이다. 그의 두 번째 아내인 안나 그레고리예브나의 일기를 토대로 레오니드 치프킨이 쓴 소설 〈바덴바덴에서의 여름〉을 읽는다면 이 말에 깊이 수긍할 것이다.

도스토옙스키는 1846년 〈가난한 사람들〉을 발표하여 작가로서 유명해졌으나 사회주의 모임에 가담한 죄로 사형선고를 받는다. 총살 직전에 황제의 명으로 사형을 면하고 시베리아 유형을 살았다. 그때 악화된 간질은 평생 그를 괴롭혔고, 도박 중독으로 가난뱅이가 되기 일쑤였으며, 가난과 빚 때문에 부당한 출판 계약을 맺기도 한다. 그의 속기사였던 안나는 1866년에 도스토옙스키와 결혼, 1881년 그가 사망할 때까지 곁을 지키며 〈죄와 벌〉 〈백치〉 〈악령〉 〈카라마조프의 형제들〉 등의 창작에 반려자가 된다. 안나는, 도스토옙스키의 도박이 오히려 그의 정신적 스트레스와 불안을 해소하여 창작의 영감을 얻게 한다고 믿었다. 그리하여 도박 자금 마련을 위해 돈을 빌리고 귀걸이를 팔기도 한다. 오로지 남편의 갱생과 창작만을 위해 자신을 희생한 것이다.죽음을 앞둔 그가 아내에게 말한다.

'이제 나는 저세상으로 갈 테니 더 붙잡지 마시오. 기억하오. 나는 당신을 항상 뜨겁게 사랑했고 한 번도 당신을 배신한 적이 없다오. 심지어 생각으로도 말이오'.

안나와 결혼하지 않은 도스토옙스키의 삶은 어떠하였을까?

왁자한 수다 중에도 머릿속으로는 덕혜옹주의 이름을 되뇌며 대마도로 향했다. 망국의 비운을 고스란히 겪은 마지막 황녀의 흔적을 만난다는 괜한 비감悲感으로 울먹해진다. 다행히 비와 바람이 잦아들었다. 덕혜옹주는 대마도주의 아들인 소 다케유키와 결혼한 그해 딱 한 번 이곳을 다녀갔다 한다. 그때부터, 도쿄대학 영문과를 나온 젊고 잘생겼으며 시와 그림에 능한 소 다케유키에게도 정략결혼으로 인한 불행의 너울이 몰아쳤을 것이다.

소 다케유키는 일본 왕실의 명령으로 정신이 온전치 못한 덕혜옹주를 받아들인다. 아내를 사랑한 그는 덕혜옹주의 정신 분열 증세가 점점 심해지자 두문불출하며 그녀를 돌보기까지. 그러나 일본이 태평양전쟁에 패하므로 왕실에 대한 지원이 없어지고 경제적인 어려움을 겪게 되자 덕혜옹주를 정신병원에 보냈다. 아내를 정신병원에 유기한 비열한 남편으로 조선인들의 비난을 받게 되자 영친왕 부부와 협의하여 끝내 이혼하고 만다.

그럼에도 소 다케유키는 끝까지 아내를 사랑했다. 딸의 이름은 덕혜의 '혜' 자를 넣어서 '정혜'라 지었고, 말년에는 낙선재로 덕혜옹주를 찾아왔지만, 종친의 반대로 끝내 만나지 못하고 대한해협을 건넜다. 그가 아내를 그리는 노래이다.

> 먼 바다 갈매기가 모여드는 섬에서
> 내 사랑하는 아내를 잊지 않을 거야
> 세상이 다할 때까지

'덕혜옹주는 왜 그리 되었을까? 다 잊고 살 수는 없었을까' 문득, 영화 〈덕혜옹주〉에서의 한 대사가 떠올랐다. 나는 나만의 대사를 독백한다. '만일 소 다케유키가 덕혜옹주와 결혼하지 않았다면 그의 생은 어떠했을까.' 이후 다시 결혼하여 아이도 낳고 교수가 되었다 하나 옛 사진 속 훤칠한 그의 모습이 내 안에서 짠하다.

이즈하라 시미즈 공원의 풀 울타리를 뒤로하고 동그마

니 서 있는 덕혜옹주의 결혼 봉축기념비에는 희끗희끗 돌 버짐만이 주인의 슬픈 역사를 회억하는 듯하다. 나는 글로 표현할 수 없는 민민한 심정에 그저 고갯방아만 두어 번 찧어댈 뿐이었다. 빗낱이 점점 굵어진다. 손갓으로 얼굴의 비를 그으며 결혼에 대한 칼릴지브란의 글을 떠올렸다.

> 그대들은 함께 태어났으며 또 영원히 함께하리라.
> 하나 그대들의 공존에는 거리를 두라
> 천공天空의 바람이 그대들 사이에서 춤추도록.

4부

귀환

그리고 하국화 내 어머니!

매사 밥 뜸들이듯 살라시던 오래전 그 말씀이 이제사 귀환하였습니다.

귀환

어스름 저녁, 는개비가 내리고 시어머니의 재봉틀이 돌아왔다. 시어머니 방 자개농 옆에 있었던 재봉틀이 작은시누이의 오피러스 승용차 트렁크에서 내려 우리 집으로 걸어 들어왔다. 오래 버려두었던 추억 하나를 들고 삼십여 년 전으로부터 오늘로 귀환했다.

그때, 시어머니는 첫손자 맞을 준비로 시장에서 융 필

을 떠다 마름하고는 나에게 보이셨다. 배내옷, 속포대기, 이불 그리고 며느리의 자리옷까지. 나는 산전 진료를 받으러 갈 때마다 병원 앞의 아기용품 가게를 기웃거리곤 하였는데 앙증스러운 배내옷, 물색 좋은 이불 등을 매번 지나쳐 돌아오면서 아쉽고 서운한 걸음을 다독거려야만 했다.

그날은, 집에 아무도 없었다. 시어머니 방에 들어간 나는 마름질해 둔 것들을 펼쳐 보다가 그중 속포대기의 가장자리를 재봉틀에다 박음질했다. 유년시절 언니들의 혼수를 지을 때 종일 들들거리던 재봉틀 소리를 떠올리고, 여학교 때 가정 숙제의 기억을 더듬었다. 만삭의 자세로 앉은뱅이 재봉틀질이 그리 편치는 않았지만 첫아이의 속포대기를 내 손으로 박는다는 뿌듯함, 그땐 그랬다.

뜻밖에, 시어머니는 박음질이 된 속포대기를 보고는 역정을 내셨다. 허락 없이 안방을 출입한 며느리에 대한

언짢음인가, 당신 재봉틀에 함부로 손을 대서인가, 첫손자 맞을 준비를 손수 하고 싶었던 순정한 바람을 망가뜨린 노여움인가. 오랫동안 그 무안했던 순간의 이유를 궁금해 했다.

조그마한 아이는 겹으로 된 융 배냇저고리를 입고 융 속포대기에 싸여 집으로 왔고 두둑하게 솜을 앉힌 융 이불을 덮었다. 나는 융 자리옷으로 갈아입고 내 첫아들 옆에 나란히 누웠다.

재봉틀과 함께 생전 시어머니의 위엄도 귀환했다. 행여 늦가을 찬서리 같은 그때의 위엄이 아니다. 재회한 위엄은 저녁처럼 안온했고 색 바랜 배냇저고리처럼 아릿했다.

세월을 참아 내느라 모서리가 닳아 헐거워진 재봉틀 서랍 속에서 인두와 무쇠 가위가 밖으로 나와 바람을 쐰다. 닳은 저 모서리처럼 내 이기도 내 쓸쓸함도 이제 그만 헐거워지기를. 그리하여 서랍을 나온 인두와 가위처럼 나의 사유는, 부는 바람에 실려 다니다 저 산자락에서 오래 산 나무들의 얽히고설킨 전설을 듣거나, 일꾼들이 가고 없는 빈 들판의 제물엣소리를 듣거나, 다솔사 툇마루에 걸터앉아 ≪버리고 갈 것만 남아서 참 홀가분하다≫ 박경리 시집을 읽는 것도 좋겠다.

나는 오동나무 농짝 깊숙한 곳에서, 시어머니가 재봉틀로 손수 지어 입혔던 당신 첫손자의 배냇저고리, 내 첫 아이의 배냇저고리를 내다 널었다. 익은 보리밭을 어루만지는 유월바람에 널었다. 한 인연이 울먹하다.

이만큼 나이가 들고서야, 스치고 간 인연들의 매 순간에는 다 그만한 이유가 있다는 것을 알았다. 이유 없이 존재하는 것은 없다는 것을 알았다. 어리둥절한 순간을 나이만큼 보내고서야 알았다. 나의 순간에 내가 낯설었던 그런 날도 있었다. 이러저러 무수한 순간들을 견디고 서야 알았다.

그리하여 어떤 인연의 순간도 기어이는 이유를 궁금해하지 말며 애써 다그치지 말 것이다. 힘들여 비난하지 말며 자리 옮겨 신원伸冤하지도 말 것이다. 더 먼저는 슬퍼하지 않는 것이리라. 시인은 뼈가 으스러지는 세월, 측천무후도 믿지 못할 사연은 저승에서나 풀어 놔야지 했다.

그리하여도 당최 참을 수 없는 순간을 만나면, 고개 숙이고 돌아서는 것. 조용한 뒷모습을 보이며 다만 걷는 것. 저만치 걷다가 문득 고개를 들면, 유한했던 뭇 인생들이 한걸음 앞서 걷는 것을 볼 것이다. 과거로부터의 통보 없는 귀환이 깨달아 알게 해 줄 것이다. 유월 어느 어스름 저녁의 는개비 같은 그런 날이 있어 줄 것이다.

그리고 하국화 내 어머니!

매사 밥 뜸들이듯 살라시던 오래전 그 말씀이 이제사 귀환하였습니다.

겨울나무

겨울 숲에 가 본 적이 있는가. 잎이며 꽃이며 열매며 마른 잔가지까지 다 떠나보내고 남은 겨울나무들을 가만 바라본 적이 있는가. 에는 찬바람에 바르르 떠는 위초리. 발가벗겨져 엄동에 내몰린 겨울나무들의 울음을 들어 보았는가. 산들바람을 따라 날마다 이웃했던 잎새들이 진 자리. 어제와도 같고 내일도 같을, 겨울나무들의 고독을 들여다본 적이 있는가. 그 허허로움을 한번이라도 쓰다

듣은 적이 있는가.

누구인들, 겨울나무 숲에 서서 그들의 찬란했던 봄을 말할 것인지. 뜨거운 몸으로 서로 부둥켜안았던 지난여름을 기억해 줄 것인지. 불타듯 일었던 가을 단풍의 수려함을 담아 둘 것인지. 자연의 섭리라 무심타 여기고 말 것임에야.

아무리 하여도, 떨켜의 공적功績은 잊지 말아야 할 것이다. 잎이나 꽃이나 열매가 이울고 떨어지도록 돕는 나무들의 숙명. 인고의 세월을 다 보내고 어쩌면 생의 절정에서 작별의 때를 아는 것이 그리 쉬운가. 기꺼이 떨켜의 고통을 참으며 텅 빈 나무가 되고 마는 것이다. 다음 생을 위한 장엄한 수고를 마친 것이다. 사위 고적한 겨울 숲으로 남은 것이다. 더러, 어느 발 잦은 방문객을 철학자로 만들고, 어느 퇴직 가장을 사색케 하며, 오래 잠자던 시인에게 시를 쓰게 하면서. 그렇게 긴 쓸쓸함을 견뎌

내는 것이다.

통화는 정확하게 한 시간 이십 분 동안이었다. 줄이 짧은 집 전화기를 든 나는 꼼짝없이 가만 앉아서 수화기 너머 그녀의 말을 들어야 했다. 중간중간 이야기가 겹쳐질 때마다 내 쪽에서 그만 결론을 내고는 끊을까도 싶었지만 그럴 수가 없었던 것이, 그녀는 교회의 어른인데다가 나에게 전화를 한 것은 생전 처음 있는 일이며, 무엇보다도 통화의 표면적인 목적이 내가 아니라 교회 장로인 내 남편에게 전하라는 것 때문이었다.

글의 흐름상 기어이 내 집 형편을 드러내야 한다면 사실 내 이야기도 다 못 하고 사는 남편에게 남의 이야기까지 전할 여유가 내게는 없다. 남편 또한 이말 저말 들어야 할 말이 하도 많아서 내 이야기까지 느긋하게 들어줄 여지가 없다.

정작으로 더 낭패스러운 것은 들은 부담으로 인해 '무얼' 전하고자 해도 그 '무얼' 모르겠다는 것이다. '무얼'은 커녕 그녀와의 길고 긴 통화의 줄거리조차 간추려 정리하기가 어려웠다. 교회의 역사를 들은 것 같기도 하고, 그녀의 긴 가족사를 들은 것 같기도 하고, 어느 성도의 부도덕한 행태를 들은 것 같기도 하고, 그녀의 한결같은 교회 사랑을 들은 것 같기도 하고, 아픈 것을 돌아봐 달라는 손짓을 본 것 같기도 하고…….

컴퓨터가 저 혼자 깜박이면서 다음 클릭을 재촉했지만 나는 오로지 전화받기 하나에 반나절을 소진해 버렸다. 데운 시루떡에 듬뿍 꿀을 찍어서 소모한 당을 보충하고는 심기일전하여 다시 컴퓨터 앞에 앉는다. 책꽂이 저 밑 칸에서 옛날 시집 한 권을 꺼낸다. 이미 겨울나무가 되어 버린 그녀에게. 사부작사부작 겨울나무가 되어가는 나에게. 길고 야무진 주문처럼 시 한 편을 옮겨 읊는다.

주님, 주님께서는 제가 늙어가고 있고
언젠가는 정말로 늙어 버릴 것을
저보다도 잘 알고 계십니다.
저로 하여금 말 많은 늙은이가 되지 않게 하시고
특히 아무 때나 무엇에나 한 마디 해야 한다고 나서는
치명적인 버릇에 걸리지 않게 하소서.
모든 사람의 삶을 바로잡고자 하는 열망으로부터
벗어나게 하소서.
저도 결국엔 친구가 몇 명 남아 있어야 하겠지요.
끝없이 이 얘기 저 얘기 떠들지 않고
곧장 요점으로 날아가는 날개를 주소서.
내 팔다리, 머리, 허리의 고통에 대해서는
아예 입을 막아 주소서.
내 신체의 고통은 해마다 늘어나고
그것들에 대해 위로받고 싶은 마음은
나날이 커지고 있습니다.
다른 사람들의 아픔에 대해 기꺼이 들어줄 은혜야

어찌 바라겠습니까마는
적어도 인내심을 갖고 참아 줄 수 있도록 도와주소서.
제 기억력이 좋게 해 주십사 감히 청할 순 없사오나
제게 겸손한 마음을 주시어
제 기억이 다른 사람의 기억과 부딪칠 때
혹시나 하는 마음이 들게 하소서.
나도 틀릴 수 있다는 영광된 가르침을 주소서.
제가 눈이 점점 어두워지는 건 어쩔 수 없겠지만
저로 하여금 뜻하지 않은 곳에서 선한 것을 보고
뜻밖의 사람에게 좋은 재능을 발견하는 능력을 주소서.
그것을 그들에게 선뜻 말해 줄 수 있는 재능을 주소서.
적당히 착하게 해 주소서. 저는
성인이 되고 싶지는 않습니다.
어떤 성인은 더불어 살기가 너무 어려우니까요.

—잠언 시집에서 〈어느 17세기 수녀의 기도〉

거기 있으매

얼른 핸드폰을 닫는다. 이번 주에는 이미 통화를 했던가. 달리 이유 없는 맨 전화가 행여라도 바쁜 아들을 성가시게 하는 건 아닌지. 손가락으로 날짜를 짚어 보고는 애써 마음의 소요를 가라앉힌다. 깊은 들숨 따라 아들의 안부를 삭이고 긴 날숨에다 기도를 싣는다. 그저 그리할 따름이다.

서울로 글공부를 떠났던 아들들. 일할 때는 내가 바빠

서, 일을 그만둔 지금은 아들들이 바빠서 시곗바늘처럼 만날 날만 기다린다. 새 식구가 된 며느리까지 합하여, 연구실에서 강의실에서 치열하게 사는 그들에게 무던하다 하면 서운하게 들릴 것이나 그럼에도 무던하게 제 갈 길들을 가고 있다. 고맙다. 고마워서 핸드폰에다 고마운 은서, 고마운 은사, 고마운 아사. 며느리의 이름도 저장했다.

눈에 넣으면 조금 아플 내 아들들이다.

큰아들의 중학교 졸업식이었다. 운동장에는 줄 선 아이들보다 꽃을 든 학부모들이 더 많았다. 신도시의 학교는 운동장이 너르다. 저만큼 떨어져 뒷모습만 보이는 무리 속에서 한 아이가 달려왔다. 내 아들이다.

"엄마, 지금 스피커에서 나오는 음악이 〈전람회〉의 노래 〈졸업〉이에요."

그러고는 다시 무리 속으로 달려간다. 아들의 뜀박질을 따라 내 심장도 뛰었다.

TV 속의 그 수녀원은 버려진 아이들로 넘쳤다. 금융위기 때였다. 좀 큰 아이들은 방바닥에 뉘었고 작은 아이들은 서랍장에, 맨 아래 서랍은 끝까지 열어서 거기 한 아이, 그다음 서랍은 맨 아래 서랍보다는 조금 덜 열어서 거기 또 한 아이, 그런 식으로 맨 위 서랍까지 계단을 만들고 아이를 뉘었다.

"엄마, 나는 버리지 마세요."

내 등에다 얼굴을 묻은 작은아들이 두 팔로 나를 안는다. 놀라서 등을 돌려 마주 보니 세상에! 울고 있다. 나는 한참 동안이나 작은아들을 안고 있었다.

눈에 넣어도 안 아플 내 아들들이다.

신혼여행에서 돌아온 큰아들이 이슥할 무렵에 혼자 내

려왔다. 애초 일정에는 없던 일이다. 그냥 와야 할 것 같아서라 한다. 여행에서 돌아와 베란다 청소를 했더니 몸살기가 있는 것 같다며 밤새 으슬으슬해 하다가 이른 아침에 서울, 제 집 있는 곳으로 올라갔다. 기별 없는 방문이라 더운 칡차 한잔만을 마시고 갔다. 남겨진 찻잔이 흐리다가 흔들렸다.

큰일을 보던 작은아들이 "아빠." 하고 부르면 남편은 얼른 화장실로 달려가 막힌 변기를 뚫었다. 그러던 아들이 대학을 가더니 룸메이트가 저지른 큰일을 제 아빠처럼 뚫었다 한다. "다음에는 그러지 마." 함부로 던진 내 말은 허공에서 스러진다.

아들들은 각각 저들의 가치관으로 저들의 세계를 살아가고 있을 뿐이다.

사흘을 머물다 간 며느리는 나긋하니 예뻤다. 나에게

없는 차분함도 좋았다. 그러나 아들 내외를 비행기에 태워 보내고 돌아오는 길. 무뚝뚝하니 떠난 아들만 짠하고 짠해서 자꾸 코끝이 매웠다. 참 몹쓸 시어머니 심사다.

'자녀는 철저하게 타인이다. 타인 중에 특별히 친한 타인이다.'

≪계로록≫의 저자 소노 아야코의 말을 떠올린다. 울컥 급하게 목이 메여왔다. 이내 마음을 저만큼 나앉혔다. 괜찮다. 특별히 친한 타인이라 하니 참 다행이다.

아들들은……. 다만 거기 있으매, 그것만으로 그만 행복하기로 한다.

Wanna One

잠깐 한눈판 사이 쑥 올라온 꽃대궁 같은 11명의 소년들이 아니었다면 그즈음의 길고 어둑한 터널을 빠져나오기가 힘에 겨웠을 것이다. 온통 우울하기만 했던. 지독한 분노를 감출 필요가 없었던.

오래전 우리 곁을 떠난 가왕 김광석 이야기가 우선 그랬다.

나는 서른을 다 보내고서야 그를 처음 알았다. 결혼하

고 일하고 아이 키우고 살림 살고……. 바깥세상과는 별거하듯 살다가 늦으나마 대학원에 들어갔다. 탱탱하게 젊어서 똑 부러지는 동기생들에게 주눅 들고 기죽은 채로 한 학기를 보내고 노래방에서였다. 긴 머리를 늘어뜨린 동급생 하나가 은은한 조명을 받으며 〈서른 즈음에〉 노래를 불렀다. 세상에! 저런 시 같은 노래가 있던가. 저런 노래를 지어 부르는 가수가 있던가 그랬었다. 짬짬이 김광석의 노래를 들었다. 노래를 들으며 멀어져 가는 나의 서른 즈음을 배웅했다. 대구의 김광석 거리에서 비록 브론즈이긴 하나 그의 기타 반주에 맞추어 〈사랑했지만〉을 불렀다.

세월이 흘러 어느 날 불쑥 김광석이 아니라 그의 아내가 나타난 것이다. 나는 아무렇든지 엔간하면 그냥 여자 편이다. 아들보다도 며느리 편이다. 그러나 그녀를 편들기는 싫었다.

전직 여자 대통령의 민낯 보기는 차라리 송구했다.

어머니와 동생을 죽이고 멀리 딴 나라로 도망가다 잡혀온 아들. 20대 여성을, 말 그대로 때려서 죽였다는 남자와 그런 남자의 여자친구. 여중생 폭력 기사는 너무 끔찍하여 이게 실화인지, 우리나라에서 일어난 일이 맞기는 한지, 저 아이들이 버스나 지하철에서 무거운 책가방을 메고는 고개를 꾸벅거리며 졸던 그 소녀들 중의 누구인지. 딸 친구를 유인하여 추행하다가 죽였다는, 차마 입에 담을 수도 글로 옮길 수도……. 보기만도 몸서리가 쳐지는 저 노무 자슥은 와 저리 텔레비전에 자주 나오는지.

그런 때에, 저 꽃대궁 같은 11명의 소년들, 평균 나이 20세, 국민 프로듀서가 뽑은 아이돌 그룹 Wanna One을 만났다. 다니엘, 지훈, 대휘, 재환, 성우, 우진, 관린, 지성, 민현, 진영, 성운. 부르기만 해도 내 이맛살이 펴지고 입 꼬리가 포물선을 긋는다. 이름을 낱낱이 검색했다. M net 방송을 알았고, M countdown을 시청하며 KCON과 2017 MAMA*를 기다린다. 〈To Be One〉 〈Burn It Up〉 〈Energetic〉 〈Nothing With Out You〉 〈Beautiful〉 〈Twilight〉. 눈부신 춤과 노래를 보고 듣는다. 집안에 편히 앉아 있는 것이 미안하다. 공연장으로 막 달려가고 싶다. 커피 값을 아껴서 소년들의 이름과 얼굴을 새긴 굿즈goods를 사고, 젊어 푸들찍한 Wannable 사이에 끼어 목청껏 환호하고 싶다. 그리하여 나는 Wanna One을 모르던 이전보다 더 행복하였다.

멤버 중 '다니엘 신드롬'을 일으킨 강다니엘이 ≪주간조선≫의 표지모델이 되었다. 미사일을 쏘느냐 마느냐, 전쟁이 나느냐 마느냐 하는 상황에서 아이돌을 표지모델로 하는 데는 반대가 심했다고도 했지만 ≪주간조선≫의 한 관계자는 입사 이래 가장 판매량이 높은 부수였다고 했다. 그렇게, 평범한 연습생이었던 그들은 하루아침에 누군가의 일상을 흔드는 소년이 되었다.

아이돌의 꿈을 꾸는 101명의 소년들 중에서 11명의 Wanna One이 선택되어가는 과정을 담은, 이른바 서바이벌 프로그램인 'Produce 101 season 2'는 흡사 한 편의 대하드라마였다. 시대를 아우를 필로소피였다. 소년들은 누구랄 것 없이 침착하고 당당하게 자신들의 꿈이 절대로 허황하지 않음을 알렸다. 그 꿈을 위하여 땀을 쏟았고 잠을 아꼈고, 그 꿈 때문에 눈물을 흘렸다. 어떤 칭찬에도 흔감해 했으며 감격의 매 순간마다 순수했으며 모든 감사의 표현에 인색함이 없었다. 남보다 더 나음에 자만하지 않았고 함께했던 나머지 동료들에게 무량한 애정을 드러내며 기꺼이 위로하고 족히 격려했다. 그들을 보면서 감히 나는, 대한민국의 건강한 미래를 점쳤다. 젊은 날 내 소소한 불평들을 흔적 없이 상쇄시켰다.

서귀포 올레시장의 오메기 떡집 앞이다. Wanna One의 〈Beautiful〉 노래가 안에서 흘러나온다. 강다니엘의 목소리이다.

바보같이 아쉬움 많은 노래가
하늘에 닿기를
눈물 속에 밤새운 내 기도가
너에게 닿기를
……

무뎠다고 제쳐 둔 내 심장이 쿵했다. 진동이 마냥 길다.

* Wanna One은 신인상과 남자그룹상을 수상했다.

이해한다는 것

— **프롤로그**

타인을 이해한다는 것은 나를 안다는 것, 그 역도 성립할 것이다. 타인을 이해하는 법, 어떡할까? 모든 경전을 섭렵하면 타인에 대하여 불가해한 것들이 다 사라지는가. 부단한 정진精進, 그 끝이면 타인을 용납할 품을 가지는가. 사십 일을 금식기도, 그리하면 그리되는가. 아서라, 무정한 이기의 세상에 누가 누구를 호리毫釐만큼이라도 오류 없이 이해한단 말인가. 그저 가던 길 뒤돌아 나긋이 기다려주는, 소수의 훈김만으로도 살아갈 이유가 될진대 그마저 그러도록 인색한 관계들. 다만 아우르고 덮고 다독이며 살아갈 뿐이다.

— 풍경 하나

크로아티아에서 산 발사믹 식초, 오쿠에서 숙성시킨 마늘, 직접 담근 레몬차, 종일 서서 부친 전들……. 며느리에게 들려 보낼 것들을 챙기며 나는 뿌듯했다. 진짜 시어머니가 된 듯했다.

뜻밖에 아들놈이 질색팔색을 하는 것이었다. 원래부터 음식 가지 싸다니는 것을 마다하던 아들은, 이미 넣은 것들을 끄집어내는 바람에 실랑이가 생기자 버럭 소리까지 질렀다. 나는 며느리 앞에서 영 체면이 안 섰다. 시집와서 해도 넘기지 않은 며느리는 어정쩡 눈치만 보고 있다. 사근사근 며느리가 아니었다면 공항으로 가는 차 안에서도 내내 어색한 침묵이었을 것이다.

그렇게 아들 며느리를 배웅하고 돌아와서는 꺼내어 널브러진 것들을 치우다가 그중 '종일 서서 부친 전'들을 스마트폰에 담아 아들에게 전송했다.

"니가 안 가져가서 일 년이나 먹겠다."

"다음에는 가져갈게요."

"끝이다."

"ㅋㅋㅋㅋㅋㅋ."

– 풍경 둘

설악산에 위치한 리조트에서의 일이다.

"선죽교는 정몽주가 죽었던 다리로 개성에 있습니다."

방으로 들어가는 그의 단호한 억양이었다. 주위의 누구도 아무 말을 안 했다. 나는 무안하여 가슴이 벌떡거렸다. 서로 얼굴을 마주 하지 않은 것이 천만다행이었다. 표정을 들켰을 것이다. 선죽교라 한 내 말의 잘못됨을 그도 분명 안다. 굳이 안 해도 될 말을 주고받았다.

"아, 선교장이네요."

"알겠습니다."

— 풍경 셋

호주에서 안식년을 보내던 친구와의 한 날이다.

조수석의 나는 친구의 운전 습관이 그날따라 더 못마땅했다. 일본 마쯔다의 소형 자동차는 매번 급정거 급출발을 하는 것이었다. 거기다가 운전석과 조수석이 반대여서 우회전을 할 때는 덜컥덜컥 심장이 쪼그라드는 듯했다. 나는 참아도 될 말을 참지 못했다.

"너는 이 너른 땅에서 왜 그리 운전을 급하게 하니?"

"그럼 니가 운전 하든가!"

— 풍경들의 변辨

이 나이를 먹도록 내 손으로 김치 한 번 담그지 않았다면 무슨 말들을 할까? 시집살이할 때는 시어머니가, 분가한 후로는 친정 언니들이, 잠시 먹거리 떨어질 새가 없이 내 집 곳간을 채웠다. 그러는 꼬락서니로 어이 후덕 시어머니 흉내를. 느지막이라도 철이 들었다면 이제는 나이 든 친정 언니들을 챙겨 볼 터이건만. 내리사랑은 있어도 치사랑은 없다고도 하나 참 배은망덕이 유만부동이다.

시동생은 설악산으로 가족들을 초대했다. 태평양을 건너 저쪽과 이쪽의 오누이들은 오랜만의 해후가 좀 애틋했을까. 밤을 새도 다 해갈되지 않을 회포. 그들은 그냥 꼼짝 않고 리조트에 머물러 아릿한 유년을 들먹이면서, 서로의 시원始原이 한 뿌리의 가지였음을 돋우어 다지고자 했을 것이다. 그러나 그들 추억의 변방邊方인 나는 도무지 눈치가 없었다. 설악산을 왔으니 젊은 날에 지원스님과 차를 마셨던 산사에 다시 가보길 바랐고, 어느 해인가 하룻밤 묵을 기회를 마다했던 선교장에 들르기를 청했던 것이다. 먼 길을 운전했으니 그 정도의 호사는 누려도 될 법한데……. 내 속내에 파묻어버린 역설力說이었다. 시동생은 파묻힌 역설을 마저 두어두지는 않았다. 그리고 오감한 강릉 기행이었다.

호주에 다녀올 그즈음의 나는, 친구의 마쯔다 자동차와 비슷한 용량인 국산 자동차 아벨라를 타고 다녔다. 한날이었다. 조수석에 앉은 고향 친구가 거침없이 나를 나무란다.

"니는 겉은 찬찬해 보이건만 운전은 와이리 가풀게 하노?"

그 말은 들은 나는 까르락까르락거리며 호주에서의 친구이야기를 그대로 전했다.

— **에필로그**

나를 아는 방법. 어디서부터 시작할까? 병신丙申년 시월, 그 아득하고 쓸쓸했던 길을 다시 돌아와야 하나? 그리하기에는 남은 생이 어쩌면 반, 어쩌면 반의반일지도 모를 예정인지 숙명인지. 어찌하여도, 이 생 다할 때까지 나를 알고 가기는 글렀다.

나는 어떤 간절함으로 남은 날을 살까.

예순 종심 방년

어느 순간.

예순이라는 숫자가 명치에 콱 박히고부터는 예순 그다음 몇 살인지에 대하여는 아무 감각이 없다. 예순만이 놀랍고 엄청날 뿐이지 예순 하고 몇인지가 무어 그리 대순가 싶다. 예순둘이든 예순셋이든 예순일곱이든 피차 바특한 나이끼리. 열 살, 스무 살 때에야 하루해가 무서운 거라며 벼르고, 밥그릇 수가 얼마냐고도 따졌지만 예순

에까지 함께 온 처지로 부질없는 셈 놀음이다. 일흔이 될 때까지는 너나없이 다 그냥 예순인 셈이다.

예순이 되면.

그때까지 분주했던 것들을 뒤로하고 꿈만이라도 '모네의 정원에서 르누아르의 소녀'처럼 살리라 했다. 글을 쓰리라 했다. 먹고사는 일 때문에 제쳐두었던 글쓰기를 이어보고 싶었다. 문학 전공도 아닌 내가 쓴 글을 감히 '글'이라 할지는 두어 두고라도, 글이란 것이 하마 마음에 차서 담을 넘는 사유思惟가 있다 한들 누에가 실을 잣듯이 줄줄 쓰이는 것도 아니어서, 어렵사리 가닥을 잡은 벼리를 붙들고 붓방아를 찧어야만 하는 머릿속은 되레 더 분주해지고 만다. 거기다, 버지니아 울프는 여성이 글을 쓰려면 '돈과 자기만의 방'이 있어야 된다 했는데, 가만 생각하니 가진 돈도 없거니와 방도 온전한 내 것은 아니니

마냥 험난할 예순이 눈앞에 섭슬린다.

아무 때부터.

종심從心이라는 말을 좋아하게 되었다. 우리말 일흔을 비유하는 말이다. ≪논어≫ 위정편의 "나이 일흔에 마음에 하고자 하는 일을 하여도 법도에 어긋나지 않았다."에서 나온 말이다. 그러니 종심은 마음이 시키는 대로, 마음 가는 대로 하여도 규율이나 제도를 벗어나지 않고 일정한 법도가 있었다는 즉, 유교의 '성인지도'를 이름이다. 그 종심을 앎으로, 종심을 기다림으로, 종심을 바라므로 예순의 험난함이 조금 고개를 수그린 듯도 하다만.

그러다가 문득.

방년芳年을 떠올렸다. 어느새 아득해져 버린 꽃다운 나이 스물 즈음을 이름이다. 따지고 보면 지학이니 이립,

불혹, 지천명, 이순, 기어이 종심까지 근사한 말들은 남자를 이름이고, 이리저리 뒤적여도 여자를 이름은 과년瓜年이니 방년이니 뿐이니 공자 어르신도 참. 그로부터 천 년의 세월이 두 번이나 지나고, 남자 여자가 유별하지 않은 세상이 되어도 여자들은 저 '방芳'의 유혹과 굴레를 벗어나지 못하는 모양이다. 오죽이면 힘들게 높은 자리에 올라가서도 방 때문인지, 중요한 순간에 머리만 매만졌다고 말을 듣는 여자가 짠하다. 설마 염두에 둔 것은 아니겠지만 새 개각에서는 염색을 하지 않은 커트 머리 '지知'의 여자가 사뭇 낯설다. 나이 들어도 의지와 이성으로 여성성을 지키라던 칼 융을, 아주 조금 생각한다.

별안간에.

예순 종심 방년의 딜레마에서 허우적댄다. 그러고 싶지도 않고 그럴 리도 없지만, 기어이 다시 태어나라 하면 그 생에서는 왕창, 욕심 한번 부리고 싶다. 진짜배기 芳과 知의 여자로 태어나고 싶다. 부디 슬픈 이름 '어중간'으로는 말기를.

풍금이 있던 자리

'끝별'이 본명이라는 시인은 먼 추운 나라의 오래된 이야기를 들려주었다.

너무 외로워서 얼굴에 깊은 눈물 계곡이 파인 사냥꾼과, 물개 가죽을 잃고 물속 나라로 돌아가지 못한 물개 여인과 물개 여인이 낳은 오룩의 이야기이다.

물개 여인은 사라진 물개 가죽과 물속 나라를 잊지 못한다. 한밤중, 잠결에 오룩오룩 부르는 소리를 듣고 밖으로 나간 오룩은 발에 차이는 물개 가죽에 걸려 넘어진다. 오룩은 그것이 엄마의 것인 줄 금방 알아차린다. 물개 가죽을 건네받은 물개 여인은 어린 오룩의 입에 숨을 불어넣어주고는 물속 나라로 떠난다.

"나는 늘 너와 함께 있을 것이다. 부지깽이나 칼처럼 내 손이 닿았던 것을 만지면 너는 노래를 부를 수 있을 거야. 네가 노래를 부를 수 있게 바람이 네 허파 속으로 스며들 거야."

거기까지, 시인의 이야기를 들은 나는 깨닫는다. 아! 얼굴에 눈물 계곡이 파일만큼 외로웠거나, 물개 가죽을 건넬 만한 사랑을 잃았거나, 어린 아들보다 더 간절한 모어母語를 가졌거나, 허파 속으로 갑작스러운 바람이 영감처럼 스미어 든, 그런 사람만이 한밤중에 깨어 시를 쓴다는 걸. 생의 한가운데를 비켜서서 긴 글을 적는다는 걸. 왜 나에게는 단 한 줄의 글쓰기가 이리 어려운가를.

돌아오는 길, 신호 위반 딱지 값으로 넉넉하게 수험료를 치렀다.

그날, 시인은 자신의 저서 ≪패러디≫를 들먹였다. 〈타는 목마름으로〉 김지하의 시가 외국시의 베끼기였다는 것을 알고 패러디를 공부했다는 시인은, '패러디는 21세기의 중심 표현 방법이다. 표절은 베끼고 따오는 것을 독자들이 모르게 숨기는 것이고, 패러디는 이를 드러내고 즐기는 것이다. 숨기면 표절이고 드러내고 즐기면 패러디이다.'라고 했다. 표절에 엄혹한 글 세상에서 이렇듯 느긋하게 표절과 패러디를 가름으로, 모든 위태한 표현들의 가슴을 쓸어내려 주었다. 표절에 자유로울 표현이 그리 쉽겠는가 말이다.

그때, 내가 그 작가를 떠올린 것은 지극히 당연한 일이었다. 반짝반짝 배우 송중기처럼 빛나던 그 작가는 별안간에 자신의 작품 〈전설〉의 한 표현이 〈금각사〉의 작가 미시마 유키오의 〈우국〉을 표절했다 하여 뭇매를 맞고는 만신창이가 되어 사라졌다. 어디 뉴욕에 산다고도 하고.

그 작가를 처음 만난 곳은 소설 〈풍금이 있던 자리〉였다. 다 읽기도 전 단박에 그 작가를 흠모했다. 군데군데의 말없음표 (……) 안에 숨은 속말은 내가 무친 나물 같고 내가 끓인 된장국처럼 아렸다. 출발한 지 한참 지나 문득 차창 밖을 보면 여전히 그 자리 그대로의 조그마해진 엄마였다. 저 끝별 시인의 시 〈불선여정不宣餘情〉이었다. '쓸 말은 많으나 다 쓰지 못한, 다 오르지 못하고 남은 계단, 미처 다스리지 못한 파문, 봉인된 이후로도 노을을 노을이게 하는…….' 그리고 편지 말미의 이만총총이었다.

〈풍금이 있던 자리〉의 '나'는 함께 비행기를 타기로 한

'그'를 돌려보낸다. 은선이. 나물 같은 이름을 가진 '그'의 딸 때문이었을까. '나'는 은선이, 나물 같은 이름을 서너 번 부른다. 어디에 고여 있었는지 눈물이 오래 쏟아진다.

≪어디선가 나를 찾는 전화벨이 울리고≫의 맨 마지막 장 마지막 문장의 끝줄은 "내가 그쪽으로 갈게."이다. 오래전의 그도 그리 말했다. 내가 그쪽으로 갈게. 나는……. 끝내 그러라고 하지 못했다. 어쩌면 이생에서 마지막 들을 목소리였다. 오월 때문이었다. 천지의 연푸름이 몹시도 눈부시었다. 입고 있던 잔 꽃무늬 원피스가 너무 단정했기 때문이었다. 살강에 씻어 둔 정갈한 찻잔이 눈앞에서 자꾸 아른거렸기 때문이었다.

나는, 그 작가를 기다린다. 늦지 않은 어느 때에 부디 사면되기를. 오랜 잠금을 풀고 그만 나와 주기를. ≪깊은 슬픔≫의 은서와 ≪리진≫의 여영에게, ≪어디선가 전화벨이 울리고≫의 정윤과 단과 마루 청춘들에게, 마지막에는 ≪풍금이 있던 자리≫에 아직 그대로 서 있는 나에게도. 그리하여 너르고 긴 불선여정과 이만총총을 메우고 이어 주기를.

그때쯤이면 내가 그쪽으로 갈게, 그 목소리도 내 나이 들어 아련해질는지.

오늘 집을 나서기 전

오늘 집을 나서기 전
성령님의 도우심을 기도합니다.
종일토록 내 곁을 떠나지 마시고 동행하여 주십시오.
누추한 것으로부터 발과 손과 입술과 생각을 지켜주십시오.
무릇 지킬만한 것보다 더욱 마음을 지키는 하루를 주십시오.

오래된 익숙함을 가벼이 여기지 않게 하시고
처음 맞닥뜨릴 낯섦 앞에서 차분하게 하시고
마음 깊은 곳에 웅크린 이기심일랑은 끝까지 숨겨주십시오.
분노가 일 때는 고요를 배우게 하십시오.
참을 수 없는 사람을 만나거든
참을 수 없었을 나를 참으신 그를 떠올려 주십시오.
그리하여
해 저물어서 집으로 돌아오면
오늘 하루 승리한 일상을 감사하게 하소서.
그가 나의 주主 되심을 감격하게 하소서.

꽃 시들기 전에 다시 온단 말은

낮과 밤이 서로 비껴가는 세상을 다녀왔다. 자못 이전과는 다른 여정이었다. 애당초 임하는 자세부터가 그러했다. 일을 접은 일상, 오롯이 여행의 환幻에 빠질 만반의 차비만을 차렸다.

단지 하루의 반을 갔을 뿐인데 내 발과 내 눈은 천년의 고스란한 흔적들을 딛고 보아 홀렸다. 나는 돌아오고 싶지 않았다. 열흘은 너무 짧았다. 사방 양홍색 지붕들이 눈에 밟혔다. 달리 해야 할 일도 없고 애타게 기다려주는 사람도 없다. '어디로 가는지 언제 오는지' 남편은 그랬다. '그 나라로 귀화를 추천합니다.' 아들도 그리 전했지만 말 설고 돈 설어서 돌아와야만 했다.

꾹 눌러쓴 캡이 얼굴을 반이나 가렸지만, 이집트를 거쳐 유럽으로 온 이력을 보아 대략의 나이를 가늠했다. 그는 이제껏 만났던, 그중 나은 여행 가이드였다. 성큼성큼 긴 다리의 부지런한 뒷모습이 그를 그리 보이게 했다.

나는 사람들의 앞모습보다 뒷모습을 훔쳐본다. 학습과 치장의 앞모습과는 달리 그것들이 투영된 본연의 뒷모습에 말을 건다. 그의 삶, 그의 열정, 그의 고뇌. 그 뒷모습에 흔들린다. 뒷모습에 가슴 설레기. 뒷모습과 연애하기. 뒷모습 위로하기. 커피 같은 나의 기호嗜好. 지밀한 나의 습관.

오래전 그때, 자선병원으로 파견 온 젊은 의사는 내 친구의 뒷모습에 홀딱 반했다. 여러 해 전, 우리들 중년의 수다를 위해 호텔 방을 예약하고 직접 와서 체크아웃까지 해 주던 친구 남편의 뒷모습은, 의과대학 교수라는 이름과 꾸밈을 제하더라고 썩 괜찮았다. 그럼에도 친구는 심중을 드러내 보였다. "나는 가끔 키 큰 남자와 데이트하고 싶을 때가 있어." 깔깔거리며 그만, 우리는 둘만의 비밀을 공유했다.

볼프강 호숫가를 걸을 때도 한껏 멋을 부렸다. 트렌치코트에 가을 색이 짙은 챙 모자를 쓰고 에스닉 문양의 붉은색 에트로 머플러를 둘렀다. 나지막한 건물의 이층 카페에서 호수를 보며 커피를 마신다. 마주 앉은 동행의 이야기가 커피보다 더 진했다. 계모 밑에서 자라 글을 깨치지 못한 고향 친구 이야기였다. 구박은 해도 학교만 보내주었더라면 한다는 고향 친구는, 남의 집 일을 다니면서 본 것 중 갖게 된 한 가지 소원이 소파에 다리를 꼬고 앉아서 커피를 마시는 것이라 했단다. 나는, 커피잔을 입술에 대다 말고 울컥했다.

"우연히 친구를 만나면 순두부 한 그릇을 부담 없이 사 줄 만한 그런 돈을 벌고 싶다."라는 한 소설가의 글을 읽고부터 '우연히 친구를 만나면 커피 한 잔을 부담 없이 사줄 만한 그런 돈을 벌고 싶다.'라고 패러디하곤 한다. 동행의 고향 친구에게 진정 커피 한 잔을 사 주고 싶다. 분위기 좋은 카페에서 다리를 꼬고 앉아 커피 마시는 그녀를 향해 다소곳 몸을 수그린 채, 그윽이 눈을 응시한 채, 혹 다듬어지지는 않았을지라도 그녀의 가슴에 쟁여 있는, 충분히 내 가슴을 울릴 그런 이야기를 오래 들어주고 싶다.

자그레브의 성 마르코 성당 옆에서는 데모가 한창이었다. 대학을 졸업해도 취직을 못하는 청년들이라 한다. 어디서든 청년들의 앞날은 이슈가 되는구나. 눈만 뜨면 책을 봐야 하는 내 아들들을 불러낸다. 누가 날 때렸듯 찌르르 젖몸살 같은 통증이 일었다. 그날 저녁, 반 옐라치치 광장에는 낮의 데모는 언제였느냐는 듯 이번에는 축제가 한창이다. 이를 두고 모순과 공존의 공간이라면 섣부른가.

체스키크롬로프의 성벽에서 내려다본 마을은 비경이었다. 체코의 오솔길이라 할 만했다. 동행들이 오종종 가게들을 거치며 구경하는 동안, 반질반질 돌멩이가 박혀 언틀먼틀한 골목길을 따라 언덕 위의 성 비투스 성당을 찾았다. 선뜻 앞쪽 자리에 앉아 오래 기도했다. 위태위태한 내 조국의 안녕과 청춘의 날들을 책과 씨름하는 짠한 내 아들들의 미래와 천지 분간 못하고 싸돌아 댕기는 나에 대한 용서를.

프라하 성을 돌고 카를교를 건널 때는 재색의 트렌치

코트를 골라 입었다. 목에는 이세이 미야케의 검정 머플러를 감고, 평소에는 쉬이 할 수 없을 비니까지 썼다. 여행 떠나기 전 혹시나 하고 사 두었던 H&M의 펄 섞인 그레이 비니이다. 온통 잿빛 하늘과 다리와 도시와 내가 하나가 된 느낌. 그리하여 나는 건넌 다리를 또 건너고 싶은 충동을 억제해야만 했다. 중세 분위기 물씬한 건물의 레스토랑을 나오다가 문에 적힌 글 앞에서 가도賈島처럼 머뭇거렸다. 밀어야 하나 당겨야 하나. 그 나라의 글을 아는 것은 여행의 묘妙를 더하는 것이다. 문득, 예순의 나이에 프랑스어를 배운다는 친구의 명민함이 부럽다. 이미 배운 것들을 나이 듦과 비례하여 잊어가는 내가 가엽다.

오스트리아의 빈 입성을 위하여 목에는 특별히 화려한 겐조 스카프를, 눈에는 안 하던 아이섀도까지 칠했다. 음악의 메카에 와서 〈비포 선라이즈〉 영화를 떠올리다니.

케른터너 거리를 두리번거려 구스타프 클림트 기념품 가게를 찾았다. 〈키스〉를 비롯하여 온통 팜므파탈, 퇴폐적, 에로티시즘 그의 그림들이 빽빽하게 프린트된 스카프가 마구 유혹한다. 나를 따라 들어온 동행들이 일제히 스카프를 사기 시작한다. 어쩌면 나는 이 여행의 동행들에게 스카프와 머플러 패션을 전염시켰다고 말할는지. 그 후로도 그녀들은 틈만 나면 가게들을 기웃거렸고 목에는 다른 머플러를 두르고 나왔다. 나는 어쩌다 마리아 테레지아에게서 구스타프 클림트의 색色을 보았을까? 쉔부른 궁전의 '합스부르크 옐로우'에 대한 뜬금없는 데자뷰였다.

마리아 꾸르끼 캐시미어 숄을 아늑하게 두르고 휘황한 부다페스트의 야경에 홀리다가는 불쑥, 오래전 여학교 때 배웠던 김춘수의 시를 떠올렸다. 이렇게 섬뜩한 말로도 시를 쓰는구나 여기었던.

다뉴브강에 살얼음이 지는 동구의 첫 겨울
가로수 잎이 하나 둘 떨어져 뒹구는 황혼 무렵
느닷없이 날아온 수 발의 소련제 탄환은
땅바닥에
쥐새끼보다도 초라한 모양으로 너를 쓰러뜨렸다
순간
부서진 네 두부는 소스라쳐 30초 상공으로 튀었다
두부를 잃은 목통에서는 피가
네 낯익은 거리의 포도를 적시며 흘렀다
너는 열세 살이라고 그랬다

—〈부다페스트에서의 소녀의 죽음〉에서

로텐부르크 오래된 성곽의 길거리 악사는 플루트로 〈로렐라이〉를 연주했다. 나는 반가움에 잔망스러운 발사위를 하며 흥얼거렸다. "옛날부터 전해 오는 쓸쓸한 이 말이 가슴속에 그립게도 끝없이 떠오른다." 가이드에게 로렐라이 언덕을 물었더니 데려다 달라고 한 것도 아니건만 시큰둥했다. 코펜하겐의 인어공주 동상, 브뤼셀의 오줌싸개 동상과 함께 세계 3대 허무 관광지라고 한다는데, 독일에 와서도 마지막 한 곳을 못 보고 가네. 그리하여 나의 변덕은 지금까지 괜찮았던 가이드와도 이제 그만 안녕.

바로크 양식의 찬란한 궁전들. 고딕인지 로마네스크인지 르네상스인지 유적하기만 한 성당들, 건축들. 역사. 야경. 음악가들. 작가들. 동화 같은 마을들. 산들. 호수들. 나무들. 마치 오래전부터 알고 지낸 것만 같았던 동행들. 스스럼없는 이야기들. 널널한 웃음. 때와 장소를 아는 기특한 머플러 스카프들. 호텔들. 산장들. 꽃무늬 접시들. 와인. 치즈. 커피. 무엇보다 지천에 꽃들. 아는 이름은 달랑 석류꽃, 해바라기, 수국. 내 시골집 담벼락의 것과 꼭 닮은 담쟁이까지. 가는 곳마다 활짝 팔 벌려 반기던 붉은 제라늄.

아! 그 핏빛 제라늄에게도 나는, 나의 서른과 나의 마흔과 나의 오십에게 그러했듯이, 꽃 시들기 전에 다시 온단 말은 차마 하지 못하였다. 그 어지러이 현란했던 여행의 환幻을, 예순 어느 언저리의 행복했던 나를, 사는 날까지 잊지 않을 거야. 그저 그 말만을 남겼을 뿐.

작품 해설

황선유의 언어 곁의 삶, 삶 속의 언어

—두 번째 수필집 ≪은은한 것들의 습작≫에 부쳐

김정화(수필가, 문학평론가)

1. **클릭**

작가에게 언어는 오직 글 쓰는 '순간'에 생성된다. 일상의 언어는 의사소통의 수단이지만 문학 속에서의 언어는 예술적 표현이다. 언어를 정교하게 다룬다는 것은 창조하는 일이다. 언어가 인간 존재의 근원을 넘어 삼라만상을 연결하는 통로 역할을 하므로 작가가 다루는 언어 속에는 그 어떤 신성함이 들어 있다고 믿는다. 마법적 주문을 행사하는 것과 같다.

버지니아 울프는 "한 작가가 작품을 쓰기 위해 책상 앞에 앉게 되면 작가의 모든 과거는 그의 펜 뒤에 앉게 된다."고 설명했다. 경험적 기억과 내면적 심상이 펜촉이 빚어내는 언어로 재구성되기 때문이다. 이때의 언어는 음성[words]을 넘어서 사유의 활동으로 전개한다. 이것이 문학을 언어예술이라고 부르는 까닭이다.

황선유는 누구보다도 "벚꽃잎처럼 흩날리는 기억들을

쓸어 담아" 언어의 집을 짓는 작가이다. 수필쓰기는 "온전히 나 자신과 독대하는 시간"이며, "미망했던 내가 보이기 시작"하는 순간임을 고백하면서 "시간을 얹어 포개고 쌓아 눌러도 훼손되지 않는 기억"들을 모아 두 번째 수필집 ≪은은한 것들의 습작≫을 묶었다. 작가는 "누에가 실을 잣듯이 줄줄 쓰이는 것도 아니어서… 나에게는 단 한 줄의 글쓰기가 이리 어려운가."라고 자책하지만 2017년 첫 수필집 ≪전잎을 다듬다≫를 상재한 지 1년 만에 거둔 풍작으로써 작가의 문학적 질주에 박수를 보낼 수밖에 없다.

황선유는 하동에서 8형제 중 막내딸로 태어나고 진주와 부산에서 수학했으며, 2011년 ≪수필과비평≫으로 등단, 드레문학회 회장을 역임하였다. 그녀가 작가의 길로 들어서게 된 것은 유년시절 "시골집 아래채의 군불 땐 방바닥에 엎드려 텃밭의 병아리들이 흙 파는 것을 보면서

시 쓰는 법을 가르쳐주던" 막내오빠가 있었기에 가능했다고 여긴다.

그 문학적 불씨는 여고시절 "담쟁이가 예스럽게 벽을 타고 연보랏빛 라일락꽃 향기가 바람을 넘던" 강당에서 황금찬, 서정주 시인을 만날 때도 일렁거렸고, 물미해안의 시인과 결혼한 친구를 생각할 때도 사물거렸을 것이다. 본격적으로 수필 밭에 뛰어들어 강의를 듣고 동인활동을 하는 동안 "한밤중에 깨어 글을 쓰는 자"를 경외하면서 글 쓰는 데는 "죽치고 앉아 쓰는 수밖에 없다"는 인식으로 오늘까지 수필의 불땀을 고르게 되었다. 그 결과 황선유의 언어 곁에는 일상적 삶이, 삶 속에는 문학적 언어가 당연히 놓일 수밖에 없다.

2. **언어 곁의 삶**

수필은 본질적으로 인간의 삶을 탐구하는 문학이다.

인간에 대해 묻고, 의미 있는 삶에 대해 이야기한다. 황선유 역시 수필을 "삶의 날숨"으로 구현한다. 말과 행동이 아닌 수필가로서 인생을 살려 하기 때문이다. 그녀에게 삶은 단순히 죽음에 대립되는 것이 아니라 인간 존재를 존중하고 수용하는 과정이다. 그것은 일상을 돌아보게 하고 과거를 소환시킨다. "갇혀 있던 쓸쓸한 이름"을 복원하며 "수채화같이 뜯겨나간" 추억의 퍼즐을 맞추게 된다.

> 오래되어 사물거리는 것들에 자주 마음이 물든다. 물든 것들은 번져서 수채화가 된다. 꽃인지 나무인지 풀인지 향기인지. 아니면 동그라미만 남은 얼굴인지. 마냥 은은하기만 한 것들. 어느새 하무뭇해지는 통증. 그것들을 습작한다. 유년의 먹먹한 소란을 재운다.
>
> —〈은은한 것들의 습작〉 일부

옴니버스식 구조를 이룬 〈은은한 것들의 습작〉은 유년시절 흩어져 있던 화소들을 불러낸다. “탱자나무, 치자, 각시풀, 국화, 복숭아벌레, 강냉이죽, 골담초, 꽃소쿠리, 곰배팔, 지우산, 선거다리….” 이러한 “은은한 것들”의 언어는 잃어버린 고향이자 문학적 시원으로 자리한다. 하이데거가 언어의 본질을 “정적의 은은한 울림”으로 해석하듯 황선유는 그 “울림”의 의미를 언어라는 구슬로 꿰어낸다. 언어가 말을 하게 되었다. 치자꽃 냄새에 걸음을 멈추고, 국화 향기에 엄마의 실루엣을 떠올리며, 골담초 나무가 베어진 자리에 서성이고, 선거다리가 보이면 저절로 가슴이 뛰게 되는 것이다. 그래서 작가는 ‘언어라는 존재의 집’ 앞에 서는 파수꾼이 된다.

황선유의 기억을 찾아가는 과정은 상실을 통해 구체화된다. 그녀가 몸속 장기 하나를 떼어내는 수술을 받았다. 느닷없이 찾아온 암세포를 만나면서 그간 운영하던 간호

학원을 접는다. 자신의 존재 수용을 위해 고대 인도인들이 몬순monsoon의 우기 철에 요가수행을 하고, 수도승은 '하안거'로 참선을 하듯이 현대인들도 다도나 명상으로 내면의 소리를 듣고자 한다. 황선유 역시 노동을 중단함으로써 '쉼'을 얻고 편안함과 느긋함을 동반하는 성찰의 시간을 갖게 된다.

> 그것은 내다 버리는 일부터 시작되었다.
>
> 무려 17년을 아무런 군말 없이 한쪽 벽을 지켰던 학원 원훈, 강사 현황, 수강료 게시표, 시간표… 등을 넣은 액자. 끄집어낸 서류 더미는 그간의 연륜을 드러내듯 엄청났다. 아꼈던 그림과 사진, 어렵게 구했던 책이며 망설이다 사들였던 값나는 실습 기사재들, 하다못해 문구류 하나까지.
>
> —〈허우룩하다〉 일부

영적 휴식은 잊고, 끊고, 내려놓고, 벗어나야만 가능하다. 삶이란 결국 비우는 것이 아닌가. 황선유가 "묵정밭 같은 장기"를 인정 없이 내다 버린 것처럼 애착을 가지던 물건들도 미련없이 치우고 말았다. 용도를 다하고 "버려지는 것이 궁극의 인생"임을 절감할 때 작가 자신도 "누군가로부터 버려진 적은 없었는가." 반추한다. 훗날 이생의 것을 몽땅 버려야만 할 때가 있다는 사실도 수용한다. 비로소 계절의 순환과 벚꽃의 봄기운을 느낀다. 자연스레 "암세포야, 오늘은 고맙다."라는 긍정적 사유에 다다른다. 모든 것이 마음 짓기에 달려 있는 것이다.

수술 후 작가는 생각이 깊어졌다. 특히 죽음이란 무엇인가를 고찰한다. 쓰린 몸을 웅크리고 돌아가신 아버지, 막내딸을 기다리다가 눈 감은 어머니, 홀로 숨을 거둔 시어머니, 요양병원에서 명을 다한 작은오빠의 마지막 생을 떠올린다. 죽음이란 누구도 경험하지 못했으며 누구에게나 홀로 맞이해야 하는 일이다. 인간의 힘으로 극복할 수 없으며 종교도 철학도 과학도 답을 내지 못한다. "깡그리 소멸되는 것"이기에 그녀도 떠날 때는 "흔적 없이" 생을 지우고 싶다고 말한다. 여기까지 생각이 미치자 그녀는 별안간 바빠진다. 왜 그런가. 사람 사이에 진 "정情 빚"이 많으므로 모두 갚아야 한다는 자각을 이룬다.

다행히 "무위의 자유"가 생겼다. 그것은 "나 하고 싶은 것"만 해도 됨을 뜻한다. 음악을 듣고 영화를 보고 여행을 하고 라인댄스 배워보기 유혹에도 빠졌다. 그러나 글꾼이라면 밀린 책을 읽고 글을 쓰는 것이 가장 마음의 여유를 느끼는 되는 법. 댄스는 "두 주째 맨 뒷줄에 서서 왔다리 갔다리" 하고만 있다. 드디어 "아무것도 안 해도 되는" 자유를 마다하고 한 편씩의 수필을 다듬는 것으로 불면을 이겨낸다. 그러기에 '맨몸 이야기'로 여성 수필가에게 요구되는 조신함이라는 벽을 무너뜨리는 용기 있는 도발도 가능하며, 병원 승강기 안에서 "암 걸리셨다더니 아직 안 돌아가셨어요?"라는 황당한 질문을 받고도 느긋해졌다.

> 이왕 닮았다 할 거면 나에게, 암 걸려 죽었을지도 모르는 그 사모님도 말고. 청량리에서 '그일'을 했다는 그녀도 말고. 좀 뻔뻔스럽긴 해도 알퐁스 도오데의 소설 〈별〉에 나오는 스테파네트를 닮았다거나 하다못해, 누군가의 첫사랑이라도 좀 닮았다 말해주든지.
>
> —〈그런 날이 있었다〉 일부

이제 황선유에게 "모든 날이 눈부시다." '도플갱어'가 가진 정신적인 질환이나 죽음과 관련된 원뜻은 개의치 않는다. 서로 닮았다는 악의 없는 호감으로 가볍게 넘길 줄도 안다. 지난날의 잃은 것과 얻은 것을 세는 것조차 무의미하다. 장성한 아들들을 놓아주면서 "특별히 친한 타인"이니 존재만으로도 괜찮다며 위로하고, 달포 전부터 가사를 거드는 “낯선 남편”도 고맙다. 팔순의 큰 올케 언니가 보낸 “메지메지 싼 봉궤보자기”를 풀면서 “고향 같은” 사람들에게 고개 숙이고 더 바라지도 않고 아무것도 탓하지 않는다. 그저 “나이 들어서 편안하다”는 자조로 궂었던 일은 “미씽missing”하여 주기만을 희원한다. 그것이 황선유가 언어로써 삶을 껴안는 방식이다.

3. 삶 속의 언어

사르트르는 ‘인간은 스스로 자신을 만든다’고 했다. 인간은 완벽히 만들어져 세상에 던져진 것이 아니라 존재를 끊임없이 반문하는 도정을 선택함으로써 자신을 완성시켜 나간다. 일부는 보통의 삶을 거부하고 자기만의 새로운 길을 가고자 한다. 그들이 예술적 삶이고 일상에서 창조적 길이다. 문인이라면 당연히 인생의 해석자로서 문학적 언어를 곁에 둘 수밖에 없다. 황선유 역시 생활적

반려자는 남편이겠지만 예술적 삶의 진지한 반려자로 문학을 선택하였다. 그러한 삶 속에는 늘 언어망으로 직조된 사유적 그물이 펼쳐진다.

황선유가 삶을 향하는 근본적인 통찰은 존재성에 대한 질문으로 시작한다. 그 물음을 찾아 〈이해한다는 것〉에 나타난 타자와의 거리를 살펴볼 필요가 있다.

> 타인을 이해하는 법, 어떡할까? 모든 경전을 섭렵하면 타인에 대하여 불가해한 것들이 다 사라지는가. 부단한 정진精進, 그 끝이면 타인을 용납할 품을 가지는가. 사십 일을 금식기도, 그리하면 그리되는가. 아서라, 무정한 이기의 세상에 누가 누구를 호리毫釐만큼이라도 오류 없이 이해한단 말인가. 그저 가던 길 뒤돌아 나긋이 기다려주는, 소수의 훈김만으로도 살아갈 이유가 될진대 그마저 그러도록 인색한 관계들. 다만 아우르고 덮고 다독이며 살아갈 뿐이다.
>
> —〈이해한다는 것〉 일부

인간은 누구나 "나는 누구인가?"의 화두를 안고 산다. 그것은 "나는 어떻게 살아가고자 하는가?"에 대한 길을 찾아가는 과정이기도 하다. "진짜 시어머니"가 되려고 종일 정성들여 음식을 만들었으나 아들의 퇴짜에 체면이 구겨지고, 예순이 넘도록 김치 한번 담그지 않은 채 "배은망덕이 유만부동"하여 부모형제로부터 신세를 지고, 참아도 될 말을 서둘러 내뱉은 탓에 일격도 당한다. 무시로 타인과 나의 거리에 대해 고민한다. "타인을 이해한다는 것은 나를 안다는 것"이며 그 역도 성립 가능함을 제시하였건만 이 생 다할 때까지 "나를 알고 가기는 글렀다"는 것을 예측한다. 남은 삶을 어떻게 살아야 하는지 성찰할 수밖에 없다.

황선유의 통찰은 종종 아포리즘적 문장으로 서술된다. 아포리즘은 단언의 언술로서 고정관념을 흔들어 깨워주는 작가의 담론이다. 훔볼트가 "언어란 인간이 스스로에

가하는 최초의 충격"이라고 역설했듯이 작가의 아포리즘적 서술에 독자는 멈춰 서서 방향을 잡아나가게 되는 것이다.

> 겨울 숲에 가 본 적이 있는가. 잎이며 꽃이며 열매며 마른 잔가지까지 다 떠나보내고 남은 겨울나무들을 가만 바라본 적이 있는가. 에는 찬바람에 바르르 떠는 위초리. 발가벗겨져 엄동에 내 몰린 겨울나무들의 울음을 들어 보았는가. 산들바람을 따라 날마다 이웃했던 잎새들이 진자리. 어제와도 같고 내일도 같을, 겨울나무들의 고독을 들여다본 적이 있는가. 그 허허로움을 한번이라도 쓰다듬은 적이 있는가.
>
> —〈겨울나무〉 일부

작가는 온몸으로 혹독한 시련을 버텨내는 겨울나무의 알레고리를 압축된 문장으로 담아낸다. 표면적으로 겨울나무를 예찬하지만 작가는 나무의 희생이 철학자를 만들고 사색가가 되게 하며 시인을 탄생시킨다고 믿는다. 그러기에 나이가 들수록 말 많은 늙은이가 아니라 "진중한 겨울나무 같은 사람"이 되게 해달라고 기도하는 것이다.

자신도 틀릴 수 있다는 깨달음은 〈콩나물 씻어 봤어요?〉를 통해 드러난다. "생전 일을 안 해 봤을 것" 같은 외모로 주방 일을 평가받고, 허름한 차림을 한 남편 신분을 미심쩍게 여긴 트럭 운전사까지도 모두 편견의 틀에 갇혀 있다. 편견이 사람을 평가하는 데 얼마나 걸림돌이 되는가를 지적하며 매사 "허방만 짚으며 사는 것은 아닌지 한참 뒤를 돌아다보아야 한다."는 언술로 일침을 놓는다.

〈코스모스의 노래〉와 〈귀환〉은 시어머니와의 서운한 매듭을 풀어낸다. 생의 끝자락에서 시어머니는 "내 너한테 모질게 굴었던 것 용서해라."는 말씀으로 화해를 건네고, 작가는 시어머니가 남긴 글을 습유하여 유작시 표구를 남긴다. 이로써 생전 살갑게 굴지 못했던 스스로를 "보속補贖"하듯 조금이나마 마음의 무게를 덜고 싶다. 나아가 삼십여 년 만에 시어머니의 재봉틀이 시누이의 자동차에 실려 그녀 집으로 들여진다. 신혼 초 시어머니 방 자개농 옆에서 "시어머니의 위엄"과 함께 당당했던 물건이다.

> 세월을 참아 내느라 모서리가 닳아 헐거워진 재봉틀 서랍 속에서 인두와 무쇠 가위가 밖으로 나와 바람을 쐰다. 닳은 저 모서리처럼 내 이기도 내 쓸쓸함도 이제 그만 헐거워지기를. … 이만큼 나이가 들고서야, 스치고 간 인연들의 매 순간에는 다 그만한 이유가 있다는 것을 알았다.
>
> —〈귀환〉 일부

재회한 '위엄'은 예전 같지가 않다. 찬서리는 녹아내렸고 노여움은 안온해졌으며 말씀은 아릿하기만 하다. "어리둥절한 순간을 나이만큼 보내고서야" 이해하게 되었으니 인간이란 우둔한 존재이기 그지없는 일이다. 이유를 궁금해 하지도 다그치지도 비난하지도 말라고 충고한다. 그저 "조용한 뒷모습을 보이며 묵묵히 걷는 것"이 현자의 삶인 것을. "모든 것이 다 감사했다"는 시어머니의 마지막 말씀은 "표절하고 싶은 전별"로 남는다. 시어머니의 '부재'가 더욱 강렬한 '귀환'이 되는 이유이다.

황선유의 남다른 초연성은 예순 나이로 반추된다. "뎅겅, 뭉텅, 툭, 꽃 모가지가 통째로 떨어지는 소리가 들린다는 나이"가 마음을 성가시게 하지만, 예순을 인생의 황금기라 믿고 험난한 생을 넘으면 종심從心이 기다리고 있음도 기대한다. 삶이란 "먼 외출을 나서듯 잘 차려입을 수만은 없다"는 것을 인지한다. "결혼도 때로는 외로운 것"이지만 "가풀막진 인생에도 함께 손잡아 걸어 줄 사람"이 있다는 것이 얼마나 다행한 일인가. 그러니 "천공天空의 바람이 그대들 사이에서 춤추도록. 공존에는 거리를 두라."는 칼릴지브란의 글을 염두에 두는 것이다. 어차피 인생이란 "나그넷길"이 아닌가. 작가의 남다른 언어적 미감이 삶의 문양을 자유로이 그릴 수 있게 때로는 "그냥, 내버려 두는 것"도 괜찮다.

4. 로그아웃

황선유는 이번 작품집에 ≪은은한 것들의 습작≫이라는 이름을 붙였다. 등단을 한 지 수년이 되었고 두 권째 출간임을 인지한 독자라면 '습작'이라는 표제어에 당연히 눈길이 멈출 것이다. '습작習作'이란 연습 삼아 짓는 것이지만 황선유 작가에게 습작은 겸양의 언술이 아닐 수 없다. 황선유의 시선은 일상의 틀에서 시작하지만 암세포와 직면하면서 생사에 대한 응시로 깊어진다. 인간실

존에 천착한 내적 목소리가 언어로 부활하면서 다양한 의미적 층위를 펼쳐내게 된 것이다.

'은은한 것들'을 읽은 독자라면 작가의 삶이 '생놀이'와 '글놀이'를 병행하고 있음을 짐작한다. 능선을 넘는 종소리의 여음처럼 연둣빛을 드리운 봄 강의 풋향같이 은은하게 곱씹으며 읽혀질 것임에 틀림이 없다. 미감을 구현한 특유의 언어 문양은 독자의 가슴에 화인처럼 찍혀질 것이며, 아포리즘적 문장은 사유의 등을 밝혀 주리라 믿는다.

황선유 수필가는 일상이 조여 올 때면 "탈출처럼 가출" 한다고 고백한다. 머지않아 그녀는 다시 '언어 곁의 삶'과 '삶 속의 언어'의 틈을 메우려 여행 가방을 꾸릴 것이다. 그러한 작가적 집념이 사물들을 재해석하여 삶을 포용하리라고 기대한다.

황선유 두 번째 수필집
은은한 것들의 습작

인쇄 2018년 2월 5일
발행 2018년 2월 10일

지은이 황선유
발행인 서정환
펴낸곳 수필과비평사
주소 서울시 종로구 삼일대로 32길 36(익선동 30-6 운현신화타워 빌딩) 305호
전화 (02) 3675-3885, (063) 275-4000 · 0484
팩스 (063) 274-3131
이메일 sina321@hanmail.net essay321@hanmail.net
출판등록 제300-2013-133호
인쇄 · 제본 신아출판사

ISBN 979-11-5933-153-4 03810
값 13,000원

이 도서의 국립중앙도서관 출판예정도서목록(CIP)은 서지정보유통지원시스템 홈페이지(http://seoji.nl.go.kr)와 국가자료공동목록시스템(http://www.nl.go.kr/kolisnet)에서 이용하실 수 있습니다.(CIP제어번호:CIP2018004739)

Printed in KOREA